"字斟句酌"丛书

语法修辞例话

宗守云 著

上海教育出版社
SHANGHAI EDUCATIONAL PUBLISHING HOUSE

图书在版编目（CIP）数据

语法修辞例话 / 宗守云著. — 上海:上海教育出版社, 2020.10（2025.10重印）
（字斟句酌）
ISBN 978-7-5720-0274-8

Ⅰ.①语… Ⅱ.①宗… Ⅲ.①汉语–语法②汉语–修辞
Ⅳ.①H14

中国版本图书馆CIP数据核字(2020)第179549号

责任编辑　李梦露　杨林成
书籍设计　郑　艺

字斟句酌
语法修辞例话
宗守云　著

出版发行	上海教育出版社有限公司
官　　网	www.seph.com.cn
地　　址	上海市闵行区号景路159弄C座
邮　　编	201101
印　　刷	上海昌鑫龙印务有限公司
开　　本	889×1194　1/32　印张 6.25
字　　数	151 千字
版　　次	2020年10月第1版
印　　次	2025年10月第6次印刷
书　　号	ISBN 978-7-5720-0274-8/H·0011
定　　价	35.00 元

如发现质量问题，读者可向本社调换　电话：021-64373213

前　　言

两年前,《语言文字周报》执行主编杨林成先生约我写一本书,叫《新编语法修辞讲话》,拟收入"字斟句酌"丛书。我诚惶诚恐:吕叔湘和朱德熙两位大师的经典作品,岂是我辈可以"新编"? 我不敢答应,也不能答应。吕叔湘和朱德熙两位语言学大师,是两座语言学丰碑,是我辈难以逾越的山峰。《语法修辞讲话》是语言学的经典作品,其匡谬正俗,功不可没,是汉语规范化的典范作品,经典永流传。这样的工作远不是我们可以做到的。

我回答杨主编说,书我可以写,但不能写《新编语法修辞讲话》。形式上可以模仿《语法修辞讲话》,但由于内容上不敢比肩大师,所以只能叫一个别的名字。开始想叫《语法修辞闲话》。一方面有点扯闲篇的意味;另一方面跟特定地方有关,在上海话中,"话"都是"闲话",不管是好话还是歹话,有用的话还是废话,都是"闲话"。后来觉得和书的内容不够匹配,用上海话叫"不搭界"。于是改为《语法修辞例话》,希望通过一些具体实例说明词汇、语法、修辞和语用问题。现在就是这个书名。

本书一共五个部分,有词汇、语法、修辞和语用诸方面。前三章可以算作语法例话,尽管也有词汇的内容;后两章可以算作修辞例话,尽管也有语用的内容。每个部分有十个个案,大致可以反映该部分内容的各个方面。

词汇部分主要是有关词汇和实词的知识。有复合构词,如《"卡奴"和"膀爷"》《新复合词"网吧"》);有派生构词,如《"老"缀新用》;有简称;有外来词,如《"贴士"和"秀逗"》;有词义引申,如《"打造"的延伸》;有动词的用法,如《"不齿"的用法》;有形容词的用法,如《说"荤"道"素"》;有词语规范,如《"肥虫"和"下三流"》;有词语运用,如《词语的搭配》。

虚词部分有副词知识,如《副词"从小"》《"无时无刻不"》;有连词和介词知识,如《"但是"和"却"》《"为……所……"和"为……而……"》《"和、跟、同、与"》《关联词"一个"》;有助词知识,如《"的、地、得"》《动态助词"着"》《"连"字句》;有虚词的运用。

结构部分有完成体结构,如《"有+动词结构"》;有述宾结构,如《"织毛衣"和"织毛线"》《"进医院"和"去医院"》;有述补结构,如《"湿透"和"干透"》;有提升结构,如《"饭店不允许"》;有定中结构,如《"中国朋友"和"中国的朋友"》;有否定句和被动句;有结构规范问题,如《"通过……使……"》《两个"世界"》。

表达部分主要是修辞知识,有词语的锤炼,如《"身轻一鸟过"》;有语音修辞,如《音节的配置》《音节附义》《"我一把把把把住了"》;有句子修辞,如《错误的句子和艺术的句子》《长句》;有修辞格,如《常比喻,病比喻,非比喻》《别解》;有修辞规范问题,如《不当标语例谈》。

语用和修辞是两门不同的语言学学科,但二者都讲语言的运用,把语用作为"修辞例话"的一部分,也未尝不可。语用部分有话题问题,如《话题的选择》;有焦点问题,如《"生活不止眼前的苟且"》;有预设问题,如《阿凡提是傻瓜》;有范畴化问题,如《"番茄"是蔬菜还是水果?》;有合作问题,如《默认与合作》;有语境问题,如《语境的适应》;有言语行为问题,如《"新鲜鸡蛋在此销售"》;有元语言问题,如《"太平洋"的中间是什么》;有隐含义问题,如《"窜改"的色彩》;有规范问题,如《规范与宽容》。

总之,本书虽然是例话,但涉及语法修辞的方方面面。

本书有许多内容都是先前在《语言文字周报》《咬文嚼字》等媒体公开发表过的。编入本书时,有的直接用原题,如《"老"缀新用》;有的对原题作了修改,如《简称》原题目为《"西大"=广西大学》。有的内容基本不变,如《"新鲜鸡蛋在此销售"》;有的内容有较大修改,如《"进医院"和"去医院"》原题目为《"进+处所宾语"和"去+处所宾语"》,有较多删节。绝大多数内容都是自由选题,有的则是杨林成主编的命题作文,如《"为……所……"和"为……而……"》。本书主要是作者个人独著;有的是合作成果,合作者都是第二作者,如《常比喻,病比喻,非比喻》第二作者是陆晶晶。这是需要说明的。

大师的事业,我们难以企及;经典的文献,我们不易续写。但我们尽量做得好一点儿,尽量有些新意,尽量有些实用价值,尽量能反映当代汉语的面貌,尽量能反映当前语言观念的变化。希望本书能对汉语的运用和规范起到作用,哪怕只是一丁点儿的。

宗守云
2020 年 7 月

目　　录

| 前言 | ………………………………………………… 1 |

第一讲　词汇 ………………………………………… 1

一　"老"缀新用(1)　　二　说"荤"道"素"(5)
三　简称(8)　　四　"肥虫"和"下三流"(11)
五　"不齿"的用法(15)　　六　"卡奴"和"膀爷"(17)
七　复合词"网吧"(23)　　八　"贴士"和"秀逗"(26)
九　"打造"的延伸(32)　　十　词语的搭配(35)

第二讲　虚词 ………………………………………… 38

一　副词"从小"(38)　　二　"无时无刻不"(41)
三　"但是"和"却"(44)
四　"为……所……"和"为……而……"(48)
五　"和、跟、同、与"(51)　　六　关联词"一个"(56)
七　"的、地、得"(62)　　八　动态助词"着"(65)
九　"连"字句(69)　　十　虚词的运用(73)

第三讲　结构 ………………………………………… 75

一　"有＋动词结构"(75)
二　"织毛衣"和"织毛线"(80)
三　"进医院"和"去医院"(83)　　四　"湿透"和"干透"(88)
五　"饭店不允许"(92)

六 "中国朋友"和"中国的朋友"(94)

七 否定句(98) 八 被动句(102)

九 "通过……使……"(106) 十 两个"世界"(109)

第四讲 表达 ········· 112

一 "身轻一鸟过"(112) 二 音节的配置(116)

三 音节附义(119)

四 "我一把把把把住了"(122)

五 词语的锤炼(125)

六 错误的句子和艺术的句子(131)

七 长句(136)

八 常比喻,病比喻,非比喻(139)

九 别解(141) 十 不当标语例谈(144)

第五讲 语用 ········· 149

一 话题的选择(149)

二 "生活不止眼前的苟且"(159)

三 "阿凡提是傻瓜"(162)

四 "番茄"是蔬菜还是水果?(166)

五 默认与合作(169) 六 语境的适应(173)

七 "新鲜鸡蛋在此销售"(177)

八 "太平洋"的中间是什么(179)

九 "窜改"的色彩(182) 十 规范与宽容(185)

第一讲　词汇

一　"老"缀新用

"老"是个老牌词缀。"老"族词,有的是"老"加在单音节动物名词上,实现名词双音节化,如"老鹰、老虎"等;有的冠在人的姓或排行上,如"老张、老二"等;有的加在称人的名语素上,如"老乡、老师"等。而到了新时期,前缀"老"在构词中又有了一些新的变化。

第一,构词过程有了变化。与传统不同在于,这些单音节名语素(即"老"缀后面的语素),几乎全是简称。传统"老"缀的构词过程是"前缀'老'＋排行行数"或"前缀'老'＋姓氏",而新用"老"缀的构词过程是"前缀'老'＋词语的简称(通常是词语的信息焦点)"。例如:

(1)"老大"应向"老乡"学什么?(《光明日报》1996年11月7日)

"老大"指"国有大型企业","老乡"指"乡镇企业",构词过程是"前缀'老'＋'国有大型企业'的简称'大'"和"前缀'老'＋'乡镇企业'的简称'乡'"。

第二,构词内容有了变化。"老"缀新用后,所构成的词在内容上与以往大不相同。

其一,它可以指某种性质的企业。

老国——国有大中型企业

老三——三资企业

老民——民营企业

老私——私营企业

老外——外资企业

有时,它只表示某种性质,而不含企业单位或事业单位的意思。例如:

(2) 一些不法分子为了偷逃车辆营业税和使用税,纷纷找门路嫁"老公",私车挂起公家车牌照,致使国家税收大量流失。(《中国青年报》1997年8月12日)

例中的"老公"一语双关,里面一层意思是"公家的",即"公有性质的",至于是企业单位还是事业单位,不清楚。

其二,它用来指某种人。"老"缀新用后构成的词,用于指人的比以前增加了许多。它主要用来指四种人。

一是指从事某种职业或具有某种职位的人。例如:

(3) 我们几个"老记"盛赞南京接待单位。(《扬子晚报》1995年10月27日)

(4) 两位曾经跟踪过白莲的"老便"并没有放弃对这个神秘女人的追踪。(《中国建材报》1993年3月15日)

(5) 你老编有必要全面向读者,亦多掣肘。(流沙河《仅有三只鸡》)

(6) 课间,Y君哭着来到办公室找咱们"老班"。(《周末》1995年6月24日)

还有些"老"缀词用来指从事某种非法活动的人。例如:

(7) 他是河北省迁安县建昌营子的农民,这次带了假手续费单据向票贩子们兜售,已和票贩子们成交两次,获利1万余元,刚才又向姓赵的"老票"出售了100张假手续费单据。(《北京晚报》1992年2月20日)

(8) 屡遭碰壁的"老倒",为逃出北京站工商检查员的狙

击,采取了改路或改线的新手段。(《北京晚报》1991年10月7日)

二是指某个地方的人。常见的有"老外",即"外国人"("老外"是个多义词,它的意义有外国人、外资企业、外行人等)。"老外"用久了,于是衍生出一个与之相对的"老中",即"中国人"。例如:

(9) 她还努力学国语。有一次,我听到她报菜单,几个老中当场对她竖起大拇指。(《小说月报》1988年第12期)

此外,还有诸如"老广"(广州人)、"老港"(香港人)、"老美"(美国人)等。例如:

(10) "老广"进京抢夺人才。(《燕赵都市报》1998年3月22日)

三是指患有某种疾病的人。例如:

(11) 在八一湖畔的抗癌乐园,老癌们倾心交谈,驱逐了孤独。(《文摘报》1991年5月9日)

(12) 他主要是拿刀子在墙上凿了几句话,什么"老肝之恋""老肝到此一游"。其实也不是他一个凿的。(《中国作家》1992年第1期)

四是指有过某种特殊经历的人。例如:

(13) "老插"见"老乡"(《人民日报》1995年7月21日)

(14) 那老"左",有话为什么不在办公室谈,要把你喊到家干什么?(《清明》1986年第1期)

第三,构词色彩有了变化。"老"缀新用后构成的词具有诙谐、戏谑的色彩,因此它们不能用于特别庄重、正式的场合。它们在日常运用时有很强的表现力,为受众所喜爱,因而常常成为非政策性新闻报道或非严肃性文艺作品的使用材料。从这一点说,它们有着较强的生命力。

最后，构词性质有了变化。传统"老"缀词都是语言系统内的，不具临时性和偶发性特征。而新用的"老"缀词则不然，它们基本上都是偶发词，很难进入现代汉语词汇系统。上述用例多为20世纪90年代的材料，随着社会的变化，除"老记、老编、老班、老广"等"老"缀词还有使用，其他"老"缀词基本都成为历史遗迹。这是因为，人们使用新用的"老"缀词，既不是出于填空目的——给对应事物命名，也不是出于经济目的，而是为了使表达活泼。它们一般都有正统的词语对应着，在这些正统词语的排斥、挤压下，它们很难作为正规的词被固定到现代汉语词汇系统中。

新时期"老"缀的不断新用，既与社会发展有关，也与语言自身有关。当今人们的开放心态、改革精神和现代化意识都大大强于五四时期和新中国成立初期，对于语言的运用也就更富有追求新色彩、寻觅新格调、敢于新创造的热情和能力。"老"缀的新用，与社会的发展，尤其是人们心态的转变不无关系。"老"缀的新用，也与汉语词汇发展中新的词缀化倾向相一致。"老"缀的新用，还与"老"缀构词能力强有关。

对于"老"缀新用现象，我们既不能一棍子打死，也不能放任自流。由于它有较强的生命力和表现力，因而一律斥为不规范就失之偏颇。但这不等于说就可以随意使用。不仅特别庄重、严肃的场合不能使用，而且也不能无限类推，例如表示人的职业职位可用"老"缀，但不能把"教师"称为"老教"，也不能把"政协主席"称为"老政"。

二　说"荤"道"素"

作家阿宁在小说《忆向阳》(《羊城晚报》1999年3月26日)中写道:

(1) 工地上休息时,民工们都爱讲故事,猜谜语,故事大都是荤故事,谜语也是荤的,或者是荤谜素猜,或者是素谜荤猜。每逢人们说这些话时,柱子就躲开了。

同是阿宁,在小说《无根令》(《人民文学》1999年第7期)中写道:

(2) 司机说,干脆,我给领导们讲个故事吧。我要是讲不笑你们,甘愿受罚。司机讲了一荤两素三个故事,李智本来没觉得可笑,出于对司机师傅的尊重,也笑了。

这里的"荤"和"素"显然是引申的用法,"荤"是与性有关的,"素"是与性无关的。1983年版的《现代汉语词典》还没有收录"荤"的这一义项,直到1996年版才收录了,所以我们也可把"荤"的这一意义看作新意义。不过《现代汉语词典》只是对"荤"进行说明,而对"素"的这一义项没有提及。

《现代汉语词典》中"荤"共有三个义项,我们想着重谈谈"荤"的第三个义项。《现代汉语词典》对"荤"的这一义项的解释是——粗俗的、淫秽的,例如"荤话、荤口";对"荤话"的解释是——指粗俗下流的话,脏话。从语言本身看,这样解释基本是正确的;但如果就按照这样的解释去运用,事情就不那么简单了。

首先,凡"荤"必须是言语行为,是说出来的或者写出来的,因此有"荤话、荤谜语、荤故事、荤笑话、荤玩笑"等。如果是动作行为,即使是粗俗的、淫秽的、下流的,也很难说是

"荤"的。例如,我们一般不说"他做了一件荤事,被公安机关抓起来了"。

其次,实施"荤"的言语行为一般是为了达到逗笑的目的,它往往是在相同性别的语言环境中出现,甚至也谈不上淫秽下流。因为淫秽下流是违背性道德的,对社会有这样那样的危害,一般都是违法犯罪行为;而说荤话则不然,阿宁小说中的那些说荤话行为并没有危害社会,也谈不上不文明不道德,相反,在某种场合下还能起到一定的修辞作用。说荤话的人也不都是文化层次很低或者带有流氓无产者习气的人,笔者听到的一些荤话还是某些高级知识分子说的。

再次,"荤"的言语内容一般都是性方面的,与性无关的言语即使很粗俗也很难说是"荤"的。例如有关排泄方面的言语,如果说得过分直露,就算是粗俗的,但不能说是"荤"的。另外"荤"的内容尽管涉及性,但不一定就是粗俗的,有些故事、谜语听起来似乎并没那么难以入耳。这样,从语言运用的角度看,"荤"应该是:为达到逗笑目的而说出来或者写出来的与性有关的话语。这几个条件缺一不可。如果不是为了达到逗笑目的,只是说出或者写出与性有关的话语,就谈不上是"荤"的。例如,在生理卫生课上讲述生殖系统方面的知识,这是正常的性教育现象;又如,为了牟取暴利而制作贩卖黄色读物,这是违法犯罪行为。

从语言运用的角度对"荤"的释义,与《现代汉语词典》的释义有很大的距离。这倒不是说《现代汉语词典》释义是错误的。《现代汉语词典》对"荤"的释义是立足于语言本身的,我们的解释是立足于语言运用的。当然,语言本身和语言运用虽然不是一回事,但它们并不是水火不相容的,甚至还应该尽可能地一致起来。问题是,在词典编纂中怎样解决这一矛盾？我们认为,除了编写像《现代汉语词典》这样的以照顾语言本身为主的词典外,编写语言运用方面的词典也是必要的。相比之下,后者要更难些,因为涉及运用语言的人、环境、目的、原因等。这将是一个浩繁的工程,需要很多的参与者和很长的时间才能完成。

最后谈谈为什么《现代汉语词典》中不收"素"的"与性无关的"这一义项。在语言中,"素"与"荤"是一对反义词;在语言运用中,"素"与"荤"也可以相对应出现。从本文一开始举的例子可以看出,"荤"表示"与性有关"时,"素"就表示"与性无关",但"素"在表示这个意义时是非常不自足的。在语境中,如果没有"荤"的促发,"素"就不能表示"与性无关"的意义。换句话说,"素"是依靠着"荤"才表现出"与性无关"这一意义的,一旦离开"荤",它就很难自足地表示这一意义。而"荤"则不然,它可以完全不依赖"素"就能表示"与性有关"的意义。例如,在《浊流——大学校园丑陋现象透视》(中国电影出版社1999年版)一书中,作者说:

(3) 这类带荤的笑话特别多,扯着扯着,又扯到现实的女生身上。

由此可见,如果一个实词的意义不能自足地被表示出来,那么这个意义就很难被收录到词典中。

三　简称

2001年8月30日的《南国早报》有一篇文章写道：

（1）有了设备，网站建设工作才正式开始。从此，西大大学生科技创作中心成了一块巨大的磁石，吸引着为之着迷、疯狂的同学们，建立网站成了同学们课余最重要的事情。

"西大"明显是一所大学的简称。说到"西大"，我们马上会联想到西北大学、西江大学（在肇庆市，现在改为肇庆学院）、西藏大学……其实这里的"西大"是广西大学的简称。因为文章后面还写道：

（2）同学们拧成一股绳，咬紧牙关，克服一个又一个困难，最终成功了。今年5月27日，广西大学物理系"共青团在线"网站顺利开通。

广西大学简称为"西大"，似乎跟其他大学的简称方式有所不同（我们这里只谈"××大学"简称为"×大"的问题，不谈诸如"清华大学"简称为"清华"以及"南京师范大学"简称为"南师大"之类的问题）。一般认为，大学的简称方式以区别性为最主要的原则。马庆株先生说："'北京'的简称是'京'，'北京大学'不能援用'川大'（四川大学）的构成方式类推简作'京大'，而只能简作'北大'。这是由于'京'的区别作用小于'北'（还有南京、东京）。'四川大学'也不能援用'北大'的构成方式类推简作'四大'，这是因为早就有道家的'四大'（道大、天大、地大、王亦大）和佛教的'四大'（地、水、火、风），'川'字能代表'四川'，'川大'不会产生歧解。"我们认为，区别性当然可以作为大学简称的原则，但它决不是最主要的原则，更不是唯一的原则。如果只用区别性原则来解释大学的简称问题,就会有许多问题解决不了。如果说"北京大学"简称"北大"是因为"京"的区别作用小于"北"(还有南京、东京),那么为什么"山东大学"要简称"山大"而不简称"东大"呢?因为显然"山"的区别作用小于"东"(还有山西)。如果说"四川大学"简称"川大"是因为"川大"不会产生歧解,那么,为什么有的能够产生歧解的也用类似"北大"那样的简称呢?例如"张家口大学"简称"张大","张大"有"扩大、夸大"之义,但"张家口大学"并未简称为没有歧解的"家大"或"口大"。再如"中国人民大学"简称"人大","人大"有"人民代表大会"之义,但"中国人民大学"并未简称为没有歧解的"民大"。而且,有的不会产生歧解的也用类似"川大"那样的简称,比如"香港大学"简称"港大":

(3)我把该会婚前教育课程的资料整理起来,又不怕麻烦到港大中文图书馆社会学部门借了大本小本的有关学术研究,找出有用的资料,编译出一篇又一篇的专栏文字……(周兆祥《翻译与人生》)

其实"香大"也没有歧解,为什么不简称为"香大"呢?看来,大学的简称问题并不是区别性原则能解决的。

我们认为,大学的简称,既有原则性,也有层级性。它首先要遵循首字优先原则,也就是,用大学名称的第一个字加"大"构成简称形式。其实,大学的简称绝大部分都用的是这一原则。如:南京大学——南大,天津大学——天大,武汉大学——武大,河北大学——河大,安徽大学——安大,等等。首字优先原则,会造成许多同名简称,因此表面看来,似乎会经常出现混淆不清的情形。其实不然。一般的大学简称只在很小的区域内使用,在不同的地区有不同的所指,各用各的,彼此并不造成混淆。如"河大",在保定指河北大学,在开封指河南大学,在南京指河海大学。

如果不使用首字优先原则,还可使用第二个原则——等义替换原则。"四川大学"简称为"川大","香港大学"简称为"港大"就是这种情形,因为"四川"的等义简称是"川","香港"的等义简称是"港"。这种情况在大学的简称中不多见。有时,大学名称的首字就是大学专名(在大学名称中,"大学"是通名,"大学"前面的是专名)的等义简称,那么,这个大学的简称就只有唯一的形式,这个唯一的形式同时遵循了首字优先原则和等义替换原则。例如"浙江大学"简称"浙大",就是这种情形。

广西大学简称"西大",是遵循了另外的原则——常义区别原则。按照首字优先的原则,广西大学应该简称"广大"。但是,"广大"跟"张大、四大"不同,"张大、四大"不是常用词,许多人不知道它们的确切意义,而"广大"在现代汉语词汇系统中是个极常用的词语,人们对它的常用意义非常熟悉。为避开"广大"常用意义的干扰,广西大学在简称时走了另一条道路——简称为"西大"。这种情况在大学的简称中非常罕见。

大学简称所遵循的原则有层级性特征。一般地,它们首先要考虑首字优先原则,这是个常规性原则,在大学简称中极为常见。其次才考虑等义替换原则,最后考虑常义区别原则。后两种情况在大学简称中非常少见。因此,我们也不妨把首字优先的简称看作一般情形,其他两种简称看作例外情形。不过,简称究竟采用哪一条原则,很大程度上是由习惯造成的。在具体简称过程中,人们最倾向于首字优先的原则。如广州大学,简称为"广大"会违背常义区别的原则,但它还是没有被简称为"州大",语言的使用者还是按照首字优先的原则,简称它为"广大"。

四 "肥虫"和"下三流"

"肥虫"和"下三流"是小说《空转》(载《青年文学》2001年第1期,作者肖仁福)中的两个词。先看"肥虫"的出处。

(1) 屈部长说:你知道我为什么叫你来吗?何铁夫想,我又不是你部长肚子里的肥虫,我怎么知道。

这里的"肥虫"一词显然用得不对。首先,"肥"和"虫"搭配的语用量很小,人们很少这样说。因为虫子是小生物,人们一般不关心它们的肥瘦。在语用中,人们也不常说"肥蚂蚁、瘦蜘蛛"这样的话,除非是童话里或生物学研究中。其次,即使"肥"和"虫"搭配成了"肥虫",人们一般也不说"肚子里的肥虫",因为肚子里虫子是什么样,人们是不得而知的;既然人们不得而知,对它的使用也就大打折扣了。"肥虫"显然是"蛔虫"的误用。在言语中,人们常用"甲是乙肚子里的蛔虫"来表示甲明白乙心里想的是什么。例如:

(2) 闾丘露薇说:"我是通过利比亚国营电视台和批评他的媒体看到卡扎菲的,也读过他的小说。我不太轻易对一个人下判断,我不是他肚子里的蛔虫,我怎么知道他究竟是怎样一个人?我只能告诉大家我注意到的一些细节,我觉得他很自恋。真正判断他是什么样的人,靠我得到的资讯是不够的,即使更多的资讯也很难帮我判断。因为这个人太神秘,大家没有太多机会了解他,这需要时间。"(《京华时报》2011年9月23日)

从物理世界的角度看,这当然是不符合客观事实的,蛔虫不是人,没有思维,它当然不会知道人的想法了。再说,蛔虫在人的肚子里,又不在人的大脑里,所以即使有思维,又怎么会知道人的想法呢?但从心理世界的角度看,这种说法是完全合格的。现代科学证明,人是用大脑思维的。但在古代,汉语和许多其他语言都把"心"等看作思维的器官。孟子所谓的"心之官则思"就是这种意识的反映。伍铁平先生说:"直到17世纪英国医生和解剖学家威利斯(Thomas Willis)等人发现通向大脑的神经以前,人们长期不知道大脑是思维的器官,误将心、肝、胆、脾等当作支配心理活动的器官。至今在很多语言中,表示思想、感情、心情、情绪、爱好或性格等的词都同表示上述器官的词相连,就是人类这种错误认识在语言中留下的痕迹。"到现在,人们当然知道人是用大脑而不是用心、肚子思维的,但人们还在说"你心里想什么""你一肚子坏水""女孩的心思男孩你别猜"等等,研究人类感觉、知觉、思维、情绪的学问叫"心理学"而不叫"脑理学"。这是古代人们的认识和意识在语言中的积淀。说"甲是乙肚子里的蛔虫"也是这种积淀的反映,当然不能说是错误的。另外,从修辞的角度看,说"甲是乙肚子里的蛔虫",比直接说"甲知道乙的想法"在表达上要生动得多,形象得多。那么,作者肖仁福为什么误把"蛔虫"写成"肥虫"了呢?这是方言影响的结果。肖仁福是湖南城步县人。在城步县和邵阳市方言中,f和h是不分的,把"蛔虫"误作"肥虫",正是这种f、h不分的反映。看来,作者在文学创作中尽力避开方言的影响是很有必要的。

再看"下三流"的出处。

(3) 陈立宪说:教育局93年在职工和教师中集资5000万到广东那边炒地皮,结果亏得一塌糊涂。集资户经常到教育局吵闹,教育局没法,每年都要从各学校的收费提成中暗度陈仓,弄一部分出去还款。现在我们把他们的收费收进了财政专户,他们动起来不那么方便了,那些拿钱去炒地皮以及与炒地皮有关的人自然着急,便使起了这下三流的手段。

这里的"下三流"显然是"下三滥"(也写作"下三烂")之误。"下三流"是地位低微的人或组织,例如:

(4) 看过电影《点球成金》的读者,一定对"奥克兰运动家"棒球队的管理方式印象深刻:经理人用电脑程序来选拔球员、优化组合,制定比赛策略;结果,这支人员装备资金均属"下三流"的球队竟打出一流强队的水平。(《羊城晚报》2012年9月24日)

在文学作品里,语言的错误可分为两种情况:一是叙述语言的错误,一是人物语言的错误。叙述语言的错误当然应该由作者负责的,是作者粗心大意或功底不厚造成的。人物语言就要分情况看待了。

一种情况是,语言错误是说话人自身造成的,作者只是记述而已。例如《红楼梦》里焦大说:

(5) 不和我说别的还可;若再说别的,咱们红刀子进去,白刀子出来!

再如哲夫《长牙齿的土地》里的一个人物说:

(6) 算你好运气,回来就赶上吃酒喝肉。

这是作品中的人物自己说错了,跟作者无关。

另一种情况是,语言错误是作者造成的,并不是作品人物的错误。那么,怎样知道是作品人物的错误,还是作者的错误呢?一般说来,作品人物的错误往往是在超常的状态下出现的。焦大喝醉了酒,潜意识里又畏惧主子,所以说出"红刀子进去,白刀子出来"的话。哲夫小说中的人物也是喝醉了酒,才说出"吃酒喝肉"这样的话。而例(3)中陈立宪并未处于超常状态,所以可以肯定是作者弄错了,这是作者没掌握好词语的用法造成的。从上下文看,"下三流"显然应该是"下三滥","下三滥"手段指下贱卑劣的手段,"拿钱去炒地皮以及与炒地皮有关的人"并非地位低微的人,不是"下三流",但他们手段是卑劣的,因此只能用"下三滥"一词。

五 "不齿"的用法

《精神文明报》2003年3月8日的《社会广角》栏目有这样一段话：

(1)《羊城晚报》报道：2月18日本报《老教授狂吞开药回扣四万元》报道后，不少读者打电话给本报，指责一些无良医生的不齿行为。

从语感上说，这里的"不齿"似乎用得不对。但是语感并不是很可靠的，我们必须有充分的事实依据才能断定这里"不齿"的用法是否正确。我们认为这里"不齿"的用法有误，理由有以下两个。

首先，从《现代汉语词典》释义来看，"不齿"是书面语，意思是"不愿意提到，表示鄙视"，比如"人所不齿"。如果把这个意义代入原文，即"不少读者打电话给本报，指责一些无良医生的不愿意提到的行为"。这是不通的不对的。

其次，退一步说，即使我们能为"不齿"的释义和原文对"不齿"的使用找出某些合理的联系，也不能认定这里"不齿"的使用就是正确的。因为对于实词来说，词典往往只给出词语的意义，而忽视词语的具体用法。"不齿"是个低频词，我们在数百万字的语料中只检索到30余例。这30余例"不齿"的用法可以分为两类。

1. 前附"所"式。这个用法最多见，占检索语料的77%强。例如：

(2) 既然我已经在一种势力下面低了头，我宁愿就此尊重所有势力的权威，对一个已然丧失了气节的人来说，更坏更为人所不齿的就是势利眼。(王朔《动物凶猛》)

（3）那王师傅曾为她所不齿，那毕竟是个卖蛇药出身的"煤黑子"，她实心实意地劝过秋芸"三思而行"，"紫鹃"再没落也不该下嫁"醉金刚"。（刘心武《如意》）

有的例子可以看作是省略了"所"的，例如：

（4）那时我们尚不懂事，而已经上了高中、十七岁的姐姐，则像是从云端里掉下来一般，由一个人人仰慕的大学教授的名门闺秀，沦落为人人不齿的五类分子子女，以致最后要嫁给一个身材矮小，一副病态的山村农民，对她来说，这是做梦也不会想到的事！（张平《姐姐》）

如果我们给"人人"和"不齿"之间加上一个"所"字，不仅意思丝毫不变，而且句子依然通顺流畅，所以原句完全可以看作是省略了"所"的。

2. 后附"于"式。这个用法比较少见，占检索语料的22%强。例如：

（5）如果通过我们努力，能使全国人民人人充满尊严、充满骄傲，那么即使我们受到万人唾骂、千夫所指、成为不齿于人类的狗屎堆，也是值得的，也可以笑慰平生。（王朔《你不是一个俗人》）

（6）世俗的乐趣和欲望被理智打入不齿于人类的范畴。（《王朔自选集序》）

这样看来，本文开头引例中"不齿"的用法是不正确的，它既没有前附"所"，又没有后附"于"，而且也不是省略了"所"和"于"的情形，所以从用法上看也是不正确的。

最后需要说明的是，原文的"不齿"其实是"无耻"之误。"不"和"无"义近，"齿"和"耻"同音，受义近字和同音字的干扰，作者就误把"无耻"写成"不齿"了。

六 "卡奴"和"膀爷"

先说"卡奴"。

"卡奴",按字面的意思就是信用卡、现金卡等"卡"的奴隶。

"卡奴"一词最先源于台湾,台湾地区金融主管部门将无力偿还银行最低还款额,且连续3个月未能还款的人定义为"卡奴"。2005年台湾这一群体的数字为40万,2016年已升至70万。"卡奴问题"是台湾最重要的社会问题之一。据称,"上百万人为利滚利的信用卡债务所困扰,而由'卡奴'引发的抢劫银行、自杀等事件频传,信用卡问题已经酿成台湾严重的社会问题。"(《人民日报(海外版)》2006年1月20日)

2005年12月6日,台湾某"立法委员"在一次会议上喊出"解放卡奴"的口号,此后"卡奴"一词就广为流传,为大众所使用。2005年12月21日,《人民日报》刊登了一篇题为《"卡奴"求解放》的文章,这可能是"卡奴"一词在大陆最早的书面材料。"卡奴"出现不久,就产生了引申用法。例如:

(1) 日前台湾政坛名嘴,台北大学公共行政系教授江岷钦在接受中国华艺广播公司《两岸观察家》访问时指出,陈水扁的"终统"做法与台湾主流民意背道而驰,他的政治信用已经破产,成为民粹主义的政治"卡奴"。(《中国新闻网》2006年3月3日)

在台湾,有因为信用卡、现金卡而陷入贫困、沦为"卡奴"的,但也有因为信用卡、现金卡而发财的,这样的人被称为"卡神"。例如:

(2) 最近,一个名叫杨蕙如的27岁女孩的理财故事风靡台湾岛,她靠刷信用卡在短短两个月内获利上百万元新台币,被民间奉为"卡神"。"卡神"靠什么赚钱呢?据报道,杨蕙如赚钱的套路是:办一张台湾某银行信用卡,获得刷卡消费红利点数(相当于"消费积分")八倍的优惠,然后在购物台用信用卡购买了六百万元(台币)的礼券,转卖给亲友后让亲友在网上拍卖,自己再从网上刷卡买回。这样她的红利点数(消费积分)迅速累积到八百余万点,她用这些点数兑换航空公司的头等舱机票,以半价在网上出售,短短两个月内获利上百万元新台币。(《潇湘晨报》2006年3月30日)

"卡奴"和"卡神"都是在台湾出现的。在大陆,则出现了"房奴"。例如:

(3) 31.8%的房贷一族已成"房奴"。他们在享受有房一族的心理安慰的同时,生活质量却大为下降,不敢轻易换工作,不敢娱乐、旅游,害怕银行涨息,担心生病、失业,更没时间好好享受生活。(《中国青年报》2006年3月17日)

(4) 房价居高不下、一路攀升,早已超出一般"白领"的收入水平,买房只能依靠银行贷款。被房子"套牢"实在不是明智的选择,过度负债的日子谁都难熬。不过,形成如此庞大的"房奴"队伍,却不能完全归咎于贷款者不量入为出,放贷的银行恐怕责任更大。(《燕赵都市报》2006年3月18日)

"卡奴、卡神、房奴",都是现代金融制度和现代消费观念的产物,它们和"月光族、负翁"等词语一道成为反映这种制度和观念的符号集合。"卡神、房奴"是在"卡奴"的基础上产生的。"卡奴"一方面向"卡"延伸,催生出"卡神",这是整个"卡"族词语("卡民、卡包、卡族"等)大背景下的一部分;一方面向"奴"延伸,催生出"房奴、车奴、装奴、股奴、孩奴、墓奴"等。随着社会的发展,"×奴"类词语很可能还会有新的成员出现。

再说"膀爷"。

北京有一个似乎经久不衰的词——"膀爷"。"膀爷"是什么人呢？《北京青年报》2002年9月9日有一则消息说：

（5）今年7月到8月之间，外国各大媒体的报道中对北京的夏天特别关注。在所有的报道中，不约而同地重复着一个个的"新名词"——Bangye、Grandpa Shoulder、Topless men，这些词就是北京人说的"膀爷"。一位曾在去年来北京采访大运会的外国记者说，今年北京街头的"半裸的男人"少了，全世界都知道北京的"膀爷"已经开始穿上了T恤。

看来，所谓"膀爷"，其实就是北京街头光着膀子的半裸男人。

"爷"的意义很多，按《现代汉语词典》的说法，有：1.〈方〉父亲；2.〈方〉祖父；3.对长一辈或年长男子的尊称；4.旧时对官僚、财主等的称呼；5.迷信的人对神的称呼。"膀爷"的"爷"跟其中的任何一个意义都对不上号，它是一种比较新的用法。从《现代汉语词典》的释义来看，"爷"的基本用法有两个：一是反映着人的辈分，一是反映着人的身份。反映人身份的"爷"不仅"旧时"存在，即使在现代社会中也是屡见不鲜。例如，有钱的人可以称为"款爷"，有权的人可以称为"阿爷"，"阿爷"是港澳特区的人对内地官员的称呼。例如：

（6）其次，是时下非常突出的问题——公款读书。这已经成为变相腐败的一种，群众对此是极为不满的。这个班的收费情况不见报道不得而知，但人们更关心的是这些钱最终由"阿爷"买单还是由他们自己支付？学费也许还只是其中的一个小项，每个月跑来广州两天，吃喝住行玩，又得花多少钱？从此他们的报销单上会不会多了这些项目？退一步说，如果他们真能学点东西,回去造福一下地方,那倒也还算物有所值,怕只怕这张纸不过是在他们日后升官时写在公告上面的资历而已。(《南方日报》2002年9月20日)

(7) 据了解,从1996年8月至1999年2月,马向东等人先后17次私自到港澳赌博,其中有5次是马向东在中央党校学习期间,以种种借口去港澳赌博。就在第17次,马向东东窗事发,"慕马大案"浮出水面,有这样"潇洒"的赌客,赌场当然求之不得。据说,曾有赌场经营者这么说:"我们喜欢'阿爷'(内地官员)来赌,他们赌得大方,赌得爽,输掉了也不会找我们的麻烦,没有后患。"(《南方周末》2002年8月29日)

反映人身份的"爷"不仅有类似"款爷""阿爷"的通称用法,还有专称的用法。媒体上特别常见的专称是"星爷",指的是香港无厘头大师周星驰。例如:

(8) 持续了3个多月的周星驰选秀活动昨天在广州结束。经过沈阳、北京、济南、杭州、广州5站的选拔,14位新人从上万名参选者中脱颖而出,成为周星驰所在的星辉海外有限公司签约的新人。据悉,这14位新人将在今年年底开机的由星爷(周星驰)自编自导自演的新片中扮演角色。(《北京娱乐信报》2002年8月28日)

这和影视作品的影响有关。一部《大话西游》,使"大话""无厘头""星爷"这些新词语频频出现于内地媒体。影视作品对语言的影响是不可忽视的。"巴士"一词的流行,就是起源于香港电影《巴士奇遇结良缘》。而"蒸发""人间蒸发"的频繁使用,则跟美国大片《蒸发密令》有关。

当然,也有人把周星驰称为"周爷",例如:

(9) 就彼此的印象,"冯小刚是喜剧天才,香港演员好多都和我一样,一直想有和内地导演合作的机会,我很荣幸啦。"周爷无厘头十足。"周星驰是一个有创造力的人,有着很好的判断力,他非常聪明,对喜剧电影有自己的一套办法。"冯小刚则对周星驰满口赞赏。(《成都商报》2002年3月6日)

但"周爷"无论在出现频率上还是在受众认可上都远远比不上"星爷"。跟"星爷"的使用相似,有人还把郭宝昌称为"宝爷"。例如:

(10)同大多数的转型导演一样,郭宝昌在百姓中的扬名之作当数他倾40年心血拍的电视剧《大宅门》,不仅稳坐2001年央视收视头把交椅,在整个华人世界都引起轰动。此外,这位被誉为电视界丰碑的老导演创作激情四溢,短短一年就有《宅门逆子》《欲望的漩涡》等多部作品问世。只是,宝爷曾数度对记者感叹:"我再也拍不出《大宅门》那样的作品了。"(《长江日报》2002年4月3日)

以上这些"爷"都是对有身份有地位人的称呼,当然是出于什么样的目的使用这些称呼,可能情况很复杂。不过有一点是可以肯定的,这样的称呼是用于非正规而且随意性较大的场合的,庄重严肃的场合一般不用。从例子中看出,使用这样的称呼,似乎调侃色彩很浓。

"膀爷"的情况与上面这些情况不大相同。"膀爷"与以前就存在的"板爷"(蹬平板车拉客的男人)、"侃爷"(闲聊的男人)等有些类似,都是用来指身份地位不高的普通人的。

一般说来,"款爷""阿爷"之类的称呼是带有贬义色彩的。李行健说:"'款爷'是有钱的人,但有钱的人却不能都叫'款爷',好像它同钱的来源和速度还有点关系。""阿爷"似乎跟腐败不无关系。"星爷""宝爷"之类的称呼除了可以显示他们的身份外,更多的是调侃色彩。如果把这些称呼中的

"爷"看作权势性的"爷"的话,那么,"膀爷""板爷""侃爷"中的"爷"则是平民化的"爷",这纯粹是调侃性的称呼了。"膀爷"的出现,不仅给平民化的"爷"家族增添了一个新成员,而且强化了"爷"的新义——从事某种职业或具有某种特征的男性称呼。

七　复合词"网吧"

"网吧"是 20 世纪末出现在中国大地上的一个新词。这个新词跟其他新产生的语言现象一样,是在社会条件和语言自身的双重作用下出现的。从社会条件来看,近些年"能上网的像酒吧一样的场所"这样的事物不断出现,从南方到北方,从沿海到内地,不断推及,不断增多,甚至像新疆这样的边远地区都已出现。新事物产生了,语言决不能无动于衷,它必然会以一种特定的方式来适应新的情况。这有两条道路可走:1.创造新词;2.旧词增义。"网吧"走了第一条路,它以"网"和"吧"这两个语素为材料,以"偏+正"这种构词方式为手段,创造了一个新词,为汉语词汇系统中输送了一个新成员。从语言自身看,"网吧"的出现,也与"网"族词语和"吧"族词语的大量涌现有关,它是"网"族词语和"吧"族词语联姻的结果。

先说"网"。"网"是"因特网"的简称。因特网,是英语 Internet 的汉译形式,前半部分为音译,后半部分为意译。因特网是世界上最大的信息库,随着我国改革开放的深入,利用因特网的单位和个人越来越多。于是,人们置"因特"二字不顾,取信息焦点"网"字,频繁构词,这样,"网"族词语就铺天盖地席卷而来。有"上网、联网、入网、网站、网址、网页、网人、网眼、网虫、网民、网友、网校、万维网、互联网"等等。随着上网人员的增加,"网虫"越来越多,于是又有"资深网虫、高级网虫、初级网虫"等等。上网的人容易着迷,于是又出现了"网迷";如果"网迷"越陷越深,就会有"网瘾"。据报道,荷兰南方的肯特龙开设了世界上第一家"网瘾"治疗所。近年来,由于网络范围的扩大,一些带行业色彩的"×网"不断出现,如"教育网、交易网、法律咨询网"等;而由于网络功能的扩大,"网上×"更是层出不穷,如"网上交友、网上聊天、网上购物、网上求医、网上炒股、网上追逃"等。像"×网"和"网上×"这样的词语是开放式的,无法列举穷尽;而且随着网络事业的不断发展,这类词语还将继续有新成员出现。网络世界的所有成员组成了"网界",例如:

(1) 网界"航母"今天启航。(《新民晚报》2000年5月11日)

各种报刊中以"网"族词语为栏目名称的时有出现,有的叫《网友乐园》,有的叫《网上健康行》,有的叫《"网"事悠悠》,《新民晚报》曾经有个栏目叫《网医坐堂》,其中的"网医"是一只"网猴"。网络犯罪是网络事业的不幸。及早防止网络犯罪,就要从教育入手,培养学生有关网络方面的品德,于是又出现了"网德"一词,例如:

(2) "网德"培养,素质教育的新课题(《扬子晚报》2000年4月14日)

以上我们列举了部分"网"族词语,这些"网"族词语或具普遍性,或具趣味性,或具新颖性,但它们毕竟只是"网"族词语中的一小部分,在它们的背后,还有一支更加庞大的"网"族词语队伍。这是"网吧"一词得以产生的坚强后盾。

再说"吧"。"吧"是"酒吧"的简称。"酒吧"是音译加注式外来词,由"酒"加 bar(英语"酒吧")的音译"吧"构成。"酒吧"进入现代汉语词汇系统时,"酒"是替换语素,"吧"是剩余语素。随着社会的发展,酒吧在中国逐渐增多,一些与酒吧有关的词语——"吧"族词语——也相继出现,于是"吧"由剩余语素变成替换语素。"吧"作为前置语素,可以构成"吧台、吧生、吧女、吧娘"等词语；"吧"作为后置语素,可以构成"茶吧、水吧、乒乓吧"等词语。这些大量出现的"吧"族词语,多是"酒吧"与其他人类生活结合的产物。例如,与其他物质生活结合,有"餐吧、果吧、氧吧、咖啡吧、巧克力吧"等；与一般文化生活结合,有"书吧"等；与艺术生活结合,有"迪吧、音乐吧、焦点吧、钢琴吧、表演吧"等。新的"吧"族词语层出不穷。例如：

（3）他们还在营连设立"读书休闲吧",为官兵提供安静舒适的读书环境。(《解放军报》2015年5月22日)

（4）职工读书角、棋牌室、影吧、健康器材等服务设施一应俱全。(《工人日报》2019年10月31日)

随着社会的发展,"吧"族词语还会继续增多,因为有社会生活的进一步需要。"吧"族词语的大量存在,也是"网吧"一词出现的有利条件。

"网"和"吧",是人们较为青睐的两种事物,有人甚至为之着迷。将"网"和"吧"联在一起,形成既有"网"又有"吧"这样的事物,是人们的一种需求。网吧的出现,正满足了人们的这种需求。"网吧",作为一个词,从语音上说并不是很完美,它容易使人联想到音近的"王八"。但这并不妨碍它的产生,因为在语音的背后,还有更强大的力量促使着它的出现,那就是社会文化语用条件。"网"族词语反映了社会文化生活的丰富性,"吧"族词语反映了社会物质生活的丰富性,而"网吧"则使文化生活和物质生活联在一起,这种生活方式得到了人们的普遍欢迎。"网吧"这一新词也必将在汉语词汇系统中稳定下来。

八 "贴士"和"秀逗"

"贴士"和"秀逗"是两个外来词。

先说"贴士"。

"贴士"一词在汉语中非常流行,是个地道的音译词,它来源于英语的 tips。在英语中,tips 是"小费"和"秘密消息"的复数形式,它首先是被香港引进的,并被香港人按粤语腔音译为"贴士",这颇符合香港人的音译习惯。香港人总是把 s 或相近的音翻译为"士",如"的士""巴士""波士(英语 boss 的音译,经理、老板)"、"仙士"(英语 cent 的音译,分币)。有人讲笑话形容这种习惯,说"拿士的(英语 stick 的音译,手杖),坐的士(英语 taxi 的音译,出租汽车),去士多(英语 store 的音译,商店),食多士(英语 toast 的音译,烤面包)"。作为一个音译词,"贴士"在引入香港后,基本上保留了英语"小费"和"秘密消息"的原义,不过在具体使用中也出现了新的意义。在香港,博彩业比较兴盛,"秘密消息"常常被用于博彩业中,尤其是用于赛马类的博彩中。例如:

(1) 人们读马经版,无非是了解马圈动态,攫取贴士,好在博彩中获利。(黄丽丽等《港台语词词典》)

有人把博彩的秘密消息透露出来,并对博彩的结果进行预测,于是"贴士"在"秘密消息"这一意义的基础,又产生了"预测结果"这样的意义。例如:

(2) 人人都以为佢有准确贴士,其实我研究出来的贴士,比他还要准,他有时亦要跟我买哩!(黄丽丽等《港台语词词典》)

"贴士"一词后来由香港传入内地。但由于社会文化环境的差异,内地的"贴士"和香港的"贴士"有很大的不同。内地没有合法的博彩业,所有的赌博都被视为违法行为,所以"贴士"基本上不用于博彩业。内地服务业中较少有付小费的习惯,所以表示"小费"意义的"贴士"在内地也很难见到。陈原在《社会语言学》中说:"还有一个借词是'贴士'——这就是小费,在西方社会人们付小费,接受小费;做杂工的薪金不多,他们指望顾客们的小费。我们的人民共和国不付小费,也不接受小费,于是'贴士'这个转写借词(连同它的意译借词'小费')都已经成为语言的遗迹了。"不过,"贴士"虽然不用来指"小费",但并没有成为语言的遗迹,它在"秘密消息"的基础上又引申出了其他意义。

"贴士"可以指"窍门方法"。例如:

(3) 手机短信小贴士:不会写短信、懒得写短信,或是不方便写短信?拨10158,用联通短信听,抛开文字烦恼,用嘴说短信。每发送一条资费为一角,接听免费。中国联通133、130用户都能够发送这样的语音短信。(《北京晚报》2004年1月21日)

(4) 临走前,我千叮咛万嘱咐,搜肠刮肚把所有平时看到的有关防非的知识一股脑儿的背了一遍。还不放心,最后把从各家报纸上精心裁剪的小贴士塞给了他。(《江南时报》2003年5月7日)

例(3)的"手机短信小贴士"就是使用手机发短信的窍门方法;例(4)的"小贴士"就是从各家报纸上精心裁剪的有关防非典的窍门方法。

"贴士"还可以指"注意事项"。例如:

(5) 日前,江苏省工商系统便根据2003年四季度全省流通领域食品质量专项抽查情况,为便于识别,挂出米、面、油、酱油、醋等食品的放心榜和"黑榜"。同时针对年关购物高峰特

点,开出了购物"小贴士"。(《江南时报》2004年1月15日)

(6) 谨慎计划选择出行使用货币的形式是旅行顺利的关键一环。美国运通旅行支票是国际上仅有的"受保护"的货币形式,如果遗失或失窃,通常可在24小时内得到补办,为旅客带来安全无忧的旅程。在这里美国运通旅行支票部向您提供以下"九大贴士",帮助您避免在海外旅行时陷入资金上的窘境。(《市场报》2004年1月16日)

例(5)"购物'小贴士'"就是购物需要注意的事项;例(6)"九大贴士"就是九个方面的注意事项。

"贴士"还可以指"意见建议"。例如:

(7) 在户外市场,你会碰到有人迎面走来问你要不要买便宜名牌货(即 A 货,冒牌货),可别上当。至于一心一意要在上海搜刮 good buys 的瞎拼族,专家贴士是:各式各样各种档次的货品都有,问题是采购者要识货,就不怕"遇人不淑"。(赵琬仪《上海自助游 A–Z》)

(8) 舒淇在下午到达著名的龙宫城温泉,先后浸泡玫瑰温泉和珍珠温泉。而珍珠温泉更是传闻中杨贵妃喜爱浸的温泉。舒淇又给大家扮靓小贴士,就是边浸温泉边敷面膜,皮肤会更吸收,效果会更好。舒淇原来亦喜欢下雪时浸温泉,因为上冷下热,感觉特别好。(《千龙新闻网》2003年3月11日)

例(7)的"专家贴士"是专家的意见建议;例(8)的"扮靓小贴士"是舒淇给大家的意见建议。

其实,"贴士"的这些意义都和"秘密消息"有关,也可以说,这些意义都是在"秘密消息"的基础上引申出来的。它们的共同点是:一些人知道"秘密消息",另一些人不知道"秘密消息",知道的人把"秘密消息"告诉不知道的人。无论是"窍门方法",是"注意事项",还是"意见建议",都是把别人不知道的事情告诉他们。

目前,"贴士"一词在报刊等各种媒体中时有见到,可以说,它基本上进入汉语词汇系统了。它多用作小标题或栏目名称,并经常和一些生活方面的词语配合使用,如"减肥贴士、化妆贴士、饮食贴士、赏花贴士、交通贴士、出行贴士、旅游贴士、留学贴士"等。这些"贴士"不仅丰富了词汇,也大大地方便了人们的生活。

再说"秀逗"。

《新京报》和新浪网的专栏作家王佩在《正版语文》中写道:

(9) 有一次在网上聊天,有一个美眉说我很秀逗,我听了很高兴,以为是在夸我"谈吐风趣、说话很逗"呢,后来才知道她原来是在骂我。秀逗者,大脑进水也。

如果是第一次听到"秀逗"这个词,你一定会像王佩先生一样,根据字面望文生义地把"秀逗"理解成"秀"而且"逗"。当然对"秀"和"逗"的理解各人又是不同的,王佩先生理解成了"谈吐风趣、说话很逗",你也可能理解为"秀气、逗笑"或"做秀、引逗"什么的。而"秀逗"的本来意义却并非这样的。

"秀逗"一词源自英语的 short。short 在英语中是个多义词,其中的一个意义是"电路短路",这个意义先是被日语音译为ショート,并引申指"反应迟钝、愚笨"。后来进入中国台湾,ショート被写成了"秀逗"。后来,"秀逗"一词从台湾传播到大陆,并迅速在各种媒体中蔓延,成为一个比较时尚的词语。

在汉语现行的用法中,"秀逗"的基本意义仍然是"反应迟钝、愚笨",它有非常鲜明的贬义色彩。例如:

(10) 一位朴实的大四学生,面临着学习和就业的沉重压力。从出生起就因为不时的脑筋"秀逗"和过于单纯而留下一连串"光辉"足迹的他,被同学们光荣地誉为"霉矿"。即将毕业的他奋力打拼,却屡屡同幸运失之交臂。自信独立的漂亮女孩馨儿出现了。一个美丽的爱情故事、一段勇敢的奋斗历程、一次轻松的搞笑旅程在他和她之间上演。(《人民日报·华东新闻》2005 年 3 月 18 日)

(11) 南区明星队曾试着做过两次空中接力。先是上半场时刘炜和易建联之间的配合,由于传球和起跳时间不到位,阿联跳得很高却打飞了球,只能作罢;下半场张成也传了个很到位的球想和莫科来个接力,可惜北队的张庆鹏不但不会秀,反而有些"秀逗",在莫科接球时他挡了一下,结果再次失败,弄得莫科和张成都急得作势要打张庆鹏。(《足球·劲体育》2006 年 3 月 20 日)

从当事者看,如果一个人总是反应迟钝、愚笨,他的素质、条件肯定是很差的。因此,"秀逗"在基本意义的基础上又引申指"素质差、条件差"。这是"秀逗"的基本意义向主体方向的延伸。例如:

(12) 说起来,平日里也是一样,到报社来征婚的男女,大多都是男的不如女的。怎么说呢,好像是男的通常会因为条件不如别人,蹉跎了岁月。而女的,却老是因为条件太优秀,被流光抛在时间的那一头。当然啦,这也就是一种普遍现象,并不适用于每一个人,也有非常优秀的男士和非常秀逗的女生。但可能优秀的男士根本就不愿意太早结婚,因为不会想到要上版面,而条件差的女性通常比较低调吧。说到底,征婚这种事情,不到最后关头,不被逼急了也是做不出来的。(《京华时报》2003 年 2 月 11 日)

从旁观者看,一个人反应迟钝、愚笨,往往给人以滑稽、可笑之感。因此"秀逗"又引申指"滑稽、可笑"。这一引申意义恰巧又符合"秀逗"中"逗"的字面意义,因此,这个意义在使用中出现的频率很高,常常和"幽默、搞笑"等联系在一起使用。例如:

(13) 他们有情有义,试看孙悟空在被招安之前不也是妖怪吗?孙悟空招安前的大圣生活不也是跟洞里各路妖怪们的一样吗?老妖小妖亲密无间,上阵前喊的只是"小的们"或者"孩儿们"。抓到唐僧的时候,从小妖到老妖,大家都很开心,全洞喜唰唰地准备吃唐僧肉。洞门一关,这不活脱脱一个大同世界嘛。更秀逗的是妖怪们都进化得很好,讲卫生,吃熟食,抓到唐僧要先洗洗再蒸着吃。反衬下,唐僧师徒就没有那么够义气了。(《新闻晨报》2006年4月5日)

(14) 于是,笔者试着把一些比较有名的动漫作品改一个有些秀逗的名字,看看有何效果。如果对各位心目中最爱的作品的神圣地位造成了伤害,那么,算您倒霉啦!——《新世纪福音士》,搞笑译名:《长得丑不是你的错,但是跑出来吓人就是你不对了》或者《疯子爸爸和孱弱儿子》。(《江南时报》2003年3月22日)

"秀逗"还具有一定的能产性,有"秀逗男"(愚笨的或搞笑的男人)、"秀逗女"(愚笨的或搞笑的女人)、"秀逗网"(搞笑的网站)、"秀逗糖"(一种外面很酸、里面很甜的怪味糖)等。"秀逗"也常常作为标题使用,《秀逗男护士》和《秀逗泰山》是两部电视剧的名称,《秀逗女主播》是于澄心创作的小说,《秀逗魔导士》是一种网络游戏。我们相信,在语言的不断发展中,"秀逗"还将有新的用法出现,而"秀逗"作为一个比较常用的外来词,也必将在现代汉语词汇系统中稳固地存在下去。

九 "打造"的延伸

"打造"一词古已有之。《三国演义》第一回就有"玄德谢别二客,便命良匠打造双股剑"这样的说法。本来,"制造、创造、打造"等词语各有各的意义,相安无事。"制造"的对象一般是具体事物,"创造"的对象一般是抽象的事物;"打造"虽然表示制造的意义,但它多用来指制造金属器物,使用范围比"制造"小得多。但近20年来,"打造"的使用范围逐渐地扩大了,它的意义在不断地引申,产生了许多新的意义。它频频见诸报端,部分地代替了"制造、创造"等词语的功能。"打造"的新意义大致有如下几种。

"打造"的对象是一个集体或团体,这个意义以前一般用"创造"。例如:

（1）在摘牌大会上,上海胡云峰、武汉余捷均被章健"一网打尽",他说:"海狮队准备在2004年之前,打造出一支'超级偶像军团'。只要是球迷喜欢的队员,我们都将其视为重点引进对象,目的就是让上场的11名球员成为闪亮的星星。"（《羊城晚报》2001年1月3日）

（2）精英的教师连年打造出高及格率的班级,有的班及格率高达100%,现又将打造明年的辉煌。（广西大学职称外语考试培训班广告）

（3）郑万河:打造百货"航母"。（《中国电视报》2001年11月5日）

前两例"打造"的对象分别是团队和班级。从性质上看,"打造"的团队和班级必然是优秀的,所以说,"打造"所搭配的对象往往具有褒义的色彩。例（3）的"百货'航母'"指百货

连锁店,也具有集体的性质和褒义的色彩。如果"打造"的对象是一个品牌,那么"打造"的褒义色彩用法更加明显。例如:

(4) 宣城旅游打造"诗山鳄湖徽文化"品牌。(《安徽青年报》2001年5月25日)

(5) 打造"课外"品牌。(《光明日报》2001年8月30日)

有时,"打造"的品牌具有时尚、经典、精制等特征。例如:

(6) 鄂尔多斯,打造时尚时装。(广告词)

(7) 科技打造经典,长甲牌百消丹。(广告词)

(8) 在实施异地搬迁改造工程中,柳州卷烟厂将调整产品结构,塑造柳州卷烟厂的新形象,届时将压缩品牌,提高香烟品质,打造全国精品香烟。(《南国早报》2001年10月22日)

"打造"的对象还可以是抽象的场所。例如:

(9) 我省打造产学研对接平台,为2000项科研成果找婆家。(《安徽青年报》2001年5月30日)

(10) 肥水不流外人田,我与其给外商当顾问,不如帮自家人好好打造一方外向型天地。(《江南》2001年第4期)

无论例(9)的"对接平台"也好,例(10)的"外向型天地"也好,都不是具体的处所,这时打造的事物往往具有未然的性质。如果"打造"的对象是具体的事物,则以汽车、影视作品等居多。例如:

(11) 李永福,打造百姓汽车。(电视节目)

(12) 汽车装饰展,打造个性汽车。(电视节目)

(13) 于是,北京金英马影视文化有限责任公司来了个先下手为强,率先同时买断了《生活秀》的影、视改编权,并斥巨资在武汉、厦门两地打造荧屏和银幕两个版本的《生活秀》。

(《南国早报》2001年10月22日)

　　"打造"使用范围在不断地扩大,它的意义还在不断地引申发展。它在现代生活中几乎成了一个常用词语,不仅广告、传媒频频使用,就连文学作品、口语也不乏其例。这既与社会发展有关,也与"打造"一词自身的性质有关。跟"创造"相比,它具有形象性;跟"制造"相比,它具有力度性。所以它一出现新的意义,就受到使用者的广泛欢迎。另外,"打造"的频繁使用,也与当今人们的心态不无关系。新时期语言具有渲染性特征,像"大甩卖、高档次、快节奏"等,都反映了人们追求力度追求快步发展的心态。"打造"用法的扩大,恐怕也跟这种心态有一定的关系。

十　词语的搭配

在日常生活中,我们常常说"大公鸡",一般不说"老公鸡";常常说"老母鸡",一般不说"大母鸡"。这样的词语搭配难道有什么道理可讲吗?当然有。这跟人们的认知密切相关。对公鸡来说,人们比较看重它们的审美价值。在人的认知中,公鸡越大就越漂亮,其审美价值也就越高。在儿歌中,我们常常见到"大公鸡,真美丽。红冠子,花外衣"这样的句子,就是人们对大公鸡认知的反映。而对母鸡来说,人们比较看重它们的实用价值。在人的认知中,母鸡越老其实用价值就越高,母鸡的价值跟母鸡的大小无关。

老母鸡的实用价值表现在两个方面。第一方面,老母鸡可以很好地保护鸡雏。在这方面,人们常常把保护者比喻为"老母鸡"。例如:

(1) 商家努力营造宾至如归的氛围,会所成了我们的家。商家是老母鸡,会员是跟在母鸡后面的一大群小鸡,确保能吃上合口味的玉米粒。(《深圳都市报》2002年9月24日)

(2) 他(指姜文)像老母鸡一样,张开翅膀,把《寻枪》遮蔽在他的翅膀下面,为《寻枪》遮风蔽日。(《北京青年报》2002年5月8日)

另外,人们也常常把老母鸡保护鸡雏看作是一种溺爱。而在中国的家庭教育中,家长给予子女更多的也是溺爱,所以有人把中国的家庭教育称为"老母鸡式"教育。例如:

(3) 同时,学校又较少关注学生的心理健康,再加上家庭"老母鸡式"的教育和社会上的各种不良影响,所以青少年的心理健康问题越来越突出。(《解放军报》2002年3月18日)

老母鸡实用价值的第二方面是它具有食用价值。老母鸡可以多生蛋,还可以被用来炖汤。在人的认知中,老母鸡炖的汤具有很高的营养价值。如果某人把自己家里正在下蛋的老母鸡杀掉给客人炖汤喝,那可以说是最真诚的待客表现。例如:

(4) 八年的部队生活是在地地道道的农村度过,乡亲们对子弟兵的那份深情让他终生难忘。房东大伯一家宁愿吃高粱小麦,用节省下来的白面给战士们包饺子。生病时,一位大妈像慈母一样守候在他身旁,还杀了家里正在下蛋的老母鸡给他熬汤喝……当兵的经历,使他认识了"中国的脊梁""长城的根基",给他的创作注入了最真实的情感。(《中国文化报》2000年11月23日)

当然,客观事实并非完全如此。医学专家警告人们说,老母鸡炖的鸡汤所含的营养比鸡肉要少得多,高胆固醇、高血压、肾脏功能较差者、胃酸过多者、胆道疾病患者,不宜多喝鸡汤。如果盲目以鸡汤进补,只会进一步加重病情,对身体有害无益(见《健康时报》2002年6月13日)。另外还据报道,沈阳一位34岁的男子用七根园参和一只老母鸡给自己进补,没想到竟补出了脑出血(见《羊城晚报》2000年12月24日)。可见,人的认知和客观实际并不一定是一致的。但对于语言运用来说,人们往往更注重认知的一面。

人们一般不说"大母鸡""老公鸡",但并不等于绝对不说。在语料中我们还是发现了这样的说法。"大母鸡"在意义上和"老母鸡"没什么区别,但语用量极少,在我们搜集到的近百条语料中,仅发现一例。"老公鸡"则只用于两种场合。一是贬义场合。例如:

(5) 这些"公仆"钱多,吃饱喝足,精力充沛,就像只性欲

旺盛的老公鸡,随时准备和三陪小姐、情妇、"二奶"去缠绵一阵,"云雨"一番。(《法制日报》2001年4月8日)

  二是诙谐场合。因为重庆是著名的老工业基地,人们便戏谑地称重庆为"老公鸡"。当然这已经不是"老公鸡"的本来意义了。总的来看,"老公鸡"和"大母鸡"一样,其语用量都是非常少的。

第二讲 虚词

一 副词"从小"

"从小"是个副词,《现代汉语词典》解释为"从年纪小的时候"。从运用看,有的用法是没有争议的,比如"我从小就喜欢吹笛子";有的用法有人认为有问题,比如"老爸从小就教我下棋"。《咬文嚼字》2015年第8期有一篇丁益先生的文章《"从小"就有儿子?》,作者认为,广告里说"老爸从小就教我下棋""老爸没有别的爱好,从小就教我下棋"是不对的,因为老爸"从小"的时期还没有"我",怎么可能"教我下棋"呢?所以广告里的话应该改为"从小老爸就教我下棋""老爸没有别的爱好,我从小他就教我下棋"。

"老爸从小就教我下棋",错了吗? 我们先看几个书面用例:

(1) 姑娘笑道:"你只管放心,上次我骗了你,只因为你还是个陌生人,奶奶从小就告诉我,千万不能对陌生人说老实话,否则也许就会被人拐走。"(古龙《小李飞刀》)

(2) 但对于李文秀,她爹爹妈妈从小连重话也不对她说一句,只要脸上少了一丝笑容,少了一些爱抚,那便是痛苦的惩罚了。(金庸《白马啸西风》)

(3) 孙正义的经历非常曲折,小时候曾四处从垃圾箱中寻找垃圾养猪为生,父亲却从小鼓励他"你是个天才"。(翟明磊《马云:像阿甘一样简单》)

（4）怪只怪父亲从小就和母亲离婚到外地去了,母亲又是个小店员,拉扯大自己已是含辛茹苦。(姜琍敏《苍蝇》,《太湖》2018年第2期)

上述各例中包含"从小"的句子在语法性质上都和"老爸从小就教我下棋"相同,表面上看似乎是不合理的,实际上是可以接受的。

首先,"从小"是句子状语,句子状语可以关联主语、动词、宾语。比如,"他高兴地喝了一杯水","高兴地"关联主语"他",是"他高兴";"他飞快地喝了一杯水","飞快地"关联动词"喝",是"喝得飞快";"他热热地喝了一杯水","热热地"关联宾语"水",是"水热热的"。"从小"作为状语,可以关联宾语,例(1)关联"我",例(2)关联"她",例(3)关联"他",例(4)也关联说话人"我",就是句中的"自己",这些都是符合语法规律的。

其次,"从小"意义上是"从小时候",更进一步说是"从某个人小的时候",某个人可以是长辈一方,也可以是晚辈一方,"老爸从小就教我下棋"是晚辈一方,是"老爸从我小的时候就教我下棋"。上述各例也是如此,例(1)是"奶奶从我小的时候就告诉我",例(2)是"她爹爹妈妈从她小的时候连重话也不对她说一句",例(3)是"父亲从他小的时候就鼓励他'你是个天才'",例(4)是"父亲从我小的时候就和母亲离婚到外地去了"。

再次,"从小"的使用和语境有关。如果语境中只有一方,"从小"就只能关联这仅有的一方;如果语境中有两方,而且两方为长辈和晚辈的关系,长辈在句子中出现在晚辈前面,"从小"往往关联宾语,意义上指向晚辈。例如:

（5）妈妈从小有一个梦幻,就是当她长大结婚以后,她要

做一家之主,每个人都要服从她。(李教《妈妈的梦幻》)

(6) 头发美不美,对于女孩子而言是至关重要的——妈妈从小就给我灌输这样的观念,让我始终很在乎自己的头发。(南丘阳《从头到脚要美丽》)

例(5)语境中只有"妈妈"一方,"从小"只关联这一方,例(6)语境中有两方,是长辈和晚辈的关系,长辈"妈妈"在句子中出现在晚辈"我"前面,"从小"关联"我"。

如果认为"从小"只能关联主语,那么"老爸从小就教我下棋"就是有毛病的,事实上"从小"不仅可以关联主语,也可以关联宾语。在"老爸从小就教我下棋"这句话中,"从小"关联的是"我"而不是"老爸",因此谈不上"从小就有儿子"。"老爸从小就教我下棋"这样的句子在口语和书面语中都不乏用例,而且其存在也可以得到合理的解释,因此不能算作有毛病的句子。而丁益先生修改后的句子要么没有实质性的变化,如"从小老爸就教我下棋",要么不够简洁,如"老爸没有别的爱好,我从小他就教我下棋",都还不如直接使用原句。

二 "无时无刻不"

《现代汉语词典》对"无时无刻"的解释是"没有哪一时刻,用在'不'前,合起来表示'时时刻刻都……'"。由此可见,"无时无刻不"="时时刻刻都"。这是就意义而言的。在用法上,"无时无刻不"和"时时刻刻都"存在差异,主要表现在两个方面。

首先,"无时无刻不"比"时时刻刻都"语气更加强烈。

"无时无刻不"和"时时刻刻都"都能够表达强烈的语气,而且多数情况下都是表现夸张语气的。但相比之下,前者比后者语气更加强烈一些,这符合句式的一般规律,即双重否定句比一般肯定句语气强烈。"无时无刻不"是双重否定,"时时刻刻都"是一般肯定,因此前者语气更加强烈。这种语气差异体现在语篇中,表现为:前者常常用在带有转折、递进等能够表现强烈语气的语篇中,而后者则常常作为独立、自足的语篇使用。例如:

(1)即使你独自关在书房、实验室里研究或写作,数年如一日,似乎没有和人们产生直接的交往与联系,但你无时无刻不在利用着别人提供的资料与成果,同时你会期望能得到他人的评价与反应,承认你作出的努力和成绩。(王登峰等《大学生心理卫生与咨询》)

(2)他自从陷入了那个流氓集团以后,便无时无刻不处于森严的约束之中,并且多次被大流氓"扇耳刮子"与用烟头烫后脑勺。(刘心武《班主任》)

(3)人家的女儿都在自己的娘身边长大,时时刻刻都倚傍着自己的娘,"阿姆阿姆"的喊。(鲁彦《菊英的出嫁》)

(4) 有狗的人家,狗皆跟着主人身前身后摇着尾巴,也时时刻刻都照规矩在人家墙基上抬起一只腿撒尿,又赶忙追到主人前面去。(沈从文《街》)

例(1)"无时无刻不"用在转折复句的语篇中,表重转,例(2)"无时无刻不"用在递进复句的语篇中,是递进,都能够表现强烈语气。例(3)(4)"时时刻刻都"只用在一般的并列复句中,语气当然不如前两例强烈。

其次,"无时无刻不"经常进行主观陈述,"时时刻刻都"则经常进行客观描写。例如:

(5) 她周身无时无刻不散发出一种青春的、让人爱恋的气息。(张炜《秋天的愤怒》)

(6) 我看见他的脸上,眼睛,眉毛,鼻子,嘴唇,以至两边腮巴,每个部分,每块肌肉,无时无刻不在动着。(吴组缃《谈癖》)

(7) 自从由韦林新城回来,马威时时刻刻都想和玛力谈一谈,可是老没得机会。(老舍《二马》)

(8) 内地来的学生时时刻刻都想使外国人了解中国,然而他们没想到:中国的微弱是没法叫外国人能敬重我们的;国与国的关系是肩膀齐为兄弟,小老鼠是不用和老虎讲交情的。(老舍《二马》)

例(5)(6)有较强的主观性,分别表现了说话人的愉悦、鄙夷的心理状态;而后两例只是一般的客观陈述,说话人只是想把这个客观情况告诉读者,并没有太强烈的感情色彩。在语言表达中,主观和客观不是泾渭分明的,它们之间应该有个过渡状态,表现在"无时无刻不"和"时时刻刻都"的运用上,那就是说,这样的运用只体现为一种认知上的倾向,并不存在绝对的规则。

一般认为,"无时无刻不"和"时时刻刻都"是规范的形式,"无时无刻都"是不规范的形式。但在一些文学作品中,我们常常见到"无时无刻都"这样的说法。例如:

(9)说实话,我们对高年级的学生就此产生了一种恐惧感。像我们这些比较胆小的女生,都尽量躲着高年级的学生。走路时与他们碰面,都会主动给他们让道。我们是怎么区别出他们不是新高一的呢?其实这很简单,他们从来就不穿校服,而我们则是无时无刻都穿的。(刘小萌《我不再做乖乖女》)

(10)林单云无可奈何:"我知道思想家都很痛苦,可你也不能无时无刻都这么深刻吧?平庸一会儿行不行?老太太12点要放鞭炮,你别扫兴。"(初志英《彼岸》)

(11)若使只要今年的花儿同去年的一样热闹,就可以算去年的花是青春长存,那么世上岂不是无时无刻都有那么多的少年少女,又何取乎惋惜。(梁遇春《善言》)

(12)她无时无刻都要关注着翟金诚。然而她只能通过阅读报纸得到有关翟金诚的消息。(肖克凡《一九三五年的真相》)

例(9)—(12)常被认为是不规范的语言现象。其实,根据学者王楠的考察,在明清时期,"无时无刻不"和"无时无刻(都)"就都已经存在,而且都表示"时时刻刻都"的意义,只是在语气上"无时无刻不"比"无时无刻(都)"强烈。因此,现代汉语的这种现象应该是继承了近代汉语的用法,用法上有差异,意义上可解释,不能说是不规范的。

三 "但是"和"却"

"但是"和"却"都用来表转折关系,二者有时可以互换。例如:

(1) 我小时候比较淘气,到高二就不想念书了,家里虽然不同意但是也没办法。(《中国青年报》2018年8月28日)

(2) 出格荒悖的人任何社会都有,我们或许很难限制他们的言行,却可以压缩其肆意传播的空间。(《北京日报》2018年8月29日)

例(1)"但是"可以用"却"替换,例(2)"却"可以用"但是"替换,意义不变。因此,表面上看,"但是"和"却"在功能和意义上似乎是相同的。如果"但是"和"却"的功能和意义真的相同,那么它们并用在一起,势必是重复多余的。在实际语言中,"但是"和"却"并用的情形是非常多见的。例如:

(3) 这样的方式符合了所有角色的利益,但是却严重损害了公共利益。(《中国美术报》第118期)

(4) 美国奈飞公司出品的"大女主戏"《王冠》,虽然讲述的是英国女王伊丽莎白的家庭琐事,但是表达议题却不限于此。(《北京日报》2018年8月28日)

例(3)"但是"和"却"相连并用,例(4)"但是"和"却"隔离并用,两个例子中"但是"和"却"去掉任何一个,也都能说得通。这似乎更加印证了"但是"和"却"并用有重复多余之嫌。从语感上说,例(3)(4)"但是"和"却"并用,并没有佶屈聱牙之感,是自然通顺的,丝毫感觉不到哪里出了毛病。"但是"和"却"并用,道理上重复多余,语感上自然通顺,那么问题究竟出在哪里?

实际上,"但是"和"却"只是意义相同而已,它们都用来表示转折,但在功能上存在着本质的差异:

"但是"——转折连词,主要用来连接分句或类似的形式;

"却"——语气副词,有转折意义,用来修饰后面的谓词性成分。

简言之,"但是"用来连接,"却"用来修饰。

先说"但是"。"但是"用来连接转折分句,前面一般都有让步分句,让步分句可以用"虽然""尽管"等连词连接,它们一道组成"虽然……,但是……""尽管……,但是……"复句。让步分句也可以不用连词,仅凭意义获得让步关系。"让步分句+转折分句"所表达的至少是两个事件,前面让步分句表达一个事件,后面转折分句表达一个事件,二者具有逆转关系。例如:

(5) 这种分类税制虽然征收简便,但是没有很好地发挥个人所得税对收入分配的调控功能。(《人民日报》2018年8月27日)

例(5)"这种分类税制征收简便"表达一个让步事件,按照正常情况,应该能够很好地发挥个人所得税对收入分配的调控功能,但实际上这种正常情况没有发生,反而发生了相反的情况,因此后续的转折事件和前面的让步事件形成了逆转关系。

"但是"有时也用来连接词或短语,但仍然可以看成是从连接分句转化来的。例如:

(6) 可是那些生活都是需要消费支撑的,唯一能够带给他们认同感的,就是这些一样漂亮但是并不昂贵的衣服。(《中国经济周刊》2016年4月12日)

例(6)"一样漂亮但是并不昂贵"在定语的位置上,"但是"连接两个短语,但这两个短语是分句用作句法成分导致的,原来的两个分句是"衣服一样漂亮,但是并不昂贵",由于用作句法成分,于是成为例(6)的情形。这种情形在语法学中称为"关系化",即独立小句变为关系小句(定语从句)。

再说"却"。"却"是语气副词,表转折意义,修饰后面的谓词性成分,包括动词性成分和形容词性成分。"却"所在的句子,不一定存在两个事件,但一定存在一个主体,一个背景以及一个转折事件。例如:

(7) 李阿姨摇摇头,低头却发现地上有一摞百元钞票。(《光明日报》2018年8月28日)

(8) 食堂还多油炸食物,虽吃着香,却造成维生素极大损失。(《生命时报》2018年8月28日)

例(7)实际上是一个事件,"李阿姨摇摇头"与"却"所在的句子无关,不算作"却"所在句子的事件,"李阿姨"是主体,"低头"是背景(即"低头的时候"),"发现地上有一摞百元钞票"是转折事件,因此例(7)是一个事件。例(8)是两个事件,"食堂油炸食物吃着香"是一个事件,"造成维生素极大损失"是另一个事件,但仍然包含着主体、背景和转折事件,主体是"食堂油炸食物",背景是"吃着香"(即"在吃着香的情况下"),转折事件是"造成维生素极大损失"。当"却"所在的句子是两个事件时,前面的事件往往成为句子的背景。

综上,"但是"所在的句子必须包含至少两个事件,"但是"用来连接转折事件;"却"所在的句子可以只包含一个事件,"却"用来修饰转折事件。"但是"和"却"及其并用条件可以这样说明:

当句子只有一个事件时,只能用"却",不能用"但是",如

例(7);

当句子有两个事件时,可以单用"但是",也可以单用"却",但视角不同,用"但是"表明连接关系,用"却"表明修饰关系;

当句子有两个事件时,"但是"和"却"可以并用,既表明连接关系,又表明修饰关系。

连接关系和修饰关系在功能上是没有矛盾的,因此可以兼容,这是"但是"和"却"并用的功能基础。以下我们对例(3)(4)作进一步具体分析。

例(3)"但是"用来连接转折分句,"这样的方式符合了所有角色的利益"是让步分句,"严重损害了公共利益"是转折分句;"却"用来修饰谓词性成分"严重损害了公共利益",主体是"这样的方式",背景是"符合了所有角色的利益"(即"在符合所有角色利益的情况下")。

例(4)"但是"用来连接转折分句,"《王冠》讲述的是英国女王伊丽莎白的家庭琐事"是让步分句,"表达议题却不限于此"是转折分句;"却"用来修饰谓词性成分"不限于此",主体是"《王冠》的表达议题",背景是"《王冠》讲述英国女王伊丽莎白的家庭琐事"(即"《王冠》在讲述英国女王伊丽莎白家庭琐事的情况下")。

总而言之,"但是"是转折连词,用来连接转折分句,"但是"必须处在至少两个事件的句子中,其中一个是表达让步意义的事件;"却"是语气副词,表示转折意义,可以出现在一个事件的句子中,"却"所在的句子由主体、背景和转折事件构成。如果只凸显连接,用"但是"不用"却";如果只凸显修饰,用"却"不用"但是";如果既凸显连接,又凸显修饰,"但是"和"却"就以并用形式出现,既可以相连并用,又可以隔离并用。

四 "为……所……"和"为……而……"

下面是两个病句:

(1) 一个初到巴黎的美国女孩,深为法国的内衣文化而震撼。

(2) 这是我第一次解诗,为我们祖先写的汉语诗所迷恋。

这两个病句涉及"为……所……"和"为……而……"的运用问题。"为……所……"和"为……而……"各有其用,不能混淆。本来应该用"为……所……",却用"为……而……",或者本来应该用"为……而……",却用"为……所……",就会产生语言的错误,这是病句产生的根源。

先说"为……所……"。"为……所……"是一种被动结构,所在的句子是被动句。例如:

老虎为武松所打死。

美国为中国所批评。

财产为大火所吞噬。

太阳为乌云所遮蔽。

上述用例都是典型的"为……所……"。"为"是表被动的介词,都可以用"被"替换,意义不变。"为"后面的宾语是行为或状态的产生者,"打死"是武松产生的行为(包括结果),"批评"是中国产生的行为,"吞噬"是大火产生的状态,"遮蔽"是乌云产生的状态。"为……"作状语,修饰中心语"所……"。"所"本来是助词,作用是把动作行为变为名词性成分,如"所写"相当于"写的","写"是动作行为,"所写""写的"则是名词性成分。而在"为……所……"中,"所"虽然还是助词,但其原有的语法意义已经磨损,没有实际作用。在

48

"为……所……"句中,主语是动作行为所及的对象,"老虎"是打死的对象,"美国"是批评的对象,"财产"是吞噬的对象,"太阳"是遮蔽的对象。因此,只有被动句才能用"为……所……",否则就是不合格的句子。

再说"为……而……"。"为……而……"的使用有两种情形:一是作为目的结构,所在句子是目的句。例如:

> 我们要为中华崛起而读书。
> 张三在为攻读硕士而用功。
> 法官应为公平正义而呐喊。
> 国家当为国计民生而努力。

上述用例是典型的目的义"为……而……"。"为"的意思是"为了",后面的宾语表示目的,"为……"作状语,"而"后面是中心语,表示为达到某种目的而实施的某种行为,"而"是连接状语和中心语的连词。目的义"为……而……"的谓语中心语以动词性成分居多,表示某种行为。

二是"为……而……"作为原因结构,所在的句子是原因句。例如:

> 大家为集体荣誉而自豪。
> 他们为不能进步而烦恼。
> 员工为业绩优异而欢呼。
> 人民为安居乐业而快乐。

上述用例是典型的原因义"为……而……"。"为"的意思是"因为",后面的宾语表示原因,"为……"作状语,"而"后面是中心语,表示因为某种原因而出现的某种状况,"而"也是连接状语和中心语的连词。原因义"为……而……"的谓语中心语以形容词性成分和心理动词居多,表示某种状况。

回到例(1)(2),例(1)意思是法国内衣文化震撼了美国女孩,反过来,美国女孩是被法国内衣文化震撼,作为被动句,理应用"为……所……",而原句用"为……而……",是错误的。例(2)意思是我因为我们祖先写的汉语诗好,所以我迷恋,应该用"为……而……"表原因,而原句用"为……所……",也是错误的。

还有一个问题需要说明。"为……所……"和"为……而……"都是从古汉语继承下来的结构,具有较强的书面色彩,因此凡是口语性强的句子,即使是被动句,也不宜用"为……所……",即使是目的句和原因句,也不宜用"为……而……",比如,"院子为妈妈所打扫""我们为买菜而赶集""小明为游戏而高兴",尽管语法上都没有毛病,但在用法上都不合适。

五 "和、跟、同、与"

"和、跟、同、与"兼属介词和连词。以"和"为例:

(1) 中国电影的光环始终围绕在北京电影学院、中央戏剧学院和上海戏剧学院等几所高等专业院校的周围。(《光明日报》2020年1月15日)

(2) 正在筹建的横店电影学院被列入"浙江省'十三五'时期高等学校设置规划",现在已经和上海戏剧学院完成签约。(《人民日报(海外版)》2020年4月24日)

例(1)"和"用来连接北京电影学院、中央戏剧学院、上海戏剧学院三个并列项,是连词;例(2)"和"引出一个伴随对象"上海戏剧学院",是介词。

从形式看,连词各并列项可以调换顺序,意义不变,例(1)北京电影学院、中央戏剧学院、上海戏剧学院三个并列项任意调换顺序,意义都不变,例(2)"横店电影学院"和"上海戏剧学院"则不能调换顺序。另一方面,介词前面可以出现状语,连词前面不能出现状语,例(1)"和上海戏剧学院"前面不能出现状语,例(2)"和上海戏剧学院"前面有状语"已经",即使没有,也可以添加上去。

"和、跟、同、与"用作介词还是用作连词,有时跟后面的谓词性成分有关。

第一种情形,如果谓词性成分是判断性的、能愿性的、被动性的、状态性的,"和"是连词。判断性谓词成分实际上是一个动词短语,是由判断动词"是"加上一个判断宾语构成的,用来表示判断意义。例如:

(3) 小李和我都是河北人。

(4) 老张和我是同乡。

(5) 小周和小梅是一对好夫妻。

能愿性谓词成分也是一个动词短语,是由"助动词+其他动词"构成的,属能愿结构,表示可能性或必要性。例如:

(6) 他和我都会吹笛子。

(7) 你哥哥和你嫂子必须搬出去。

被动性谓词成分表示被动,但并不一定是被字句,只要主语为受事即可。例如:

(8) 化肥和农药已被运到。

(9) 鱼香肉丝和宫保肉丁都吃光了。

状态性谓词成分表示状态。如果是动词,就必须是没有空间移动和时间持续的,如"听见、看见"等。状态性谓词成分还可以是形容词、主谓结构等。名词在谓语的位置上具有述谓性,也具有状态性。例如:

(10) 我和小魏听见小鸟的歌唱了。

(11) 中国和埃及都很古老。

(12) 小柳和小吕我已经告诉她们了。

(13) 凯特和亨利都黄头发。

第二种情形,如果谓词性成分是对称性的、关系性的、朝向性的,"和"是介词。

对称性谓词成分表示双方都参与且双方地位平等,比如"打架、结婚"等。为什么在双方都参与而且现实上又互相平等的情况下,反而形成了双方非并列的主从关系呢?这是因为,语言所反映的事实,并不是客观真实世界实际存在的情形,而是说话人主观的视角和认识。在具体的言语中,句子的话题是就"和"前名词而言的。"和"前名词是说话人要表述的对象,是言谈的视角和出发点。相比而言,"和"后名词只是句子层面附带的角色,不是主要成分。如果"和"前后名词互换位置,尽管客观真实世界的情形未变,但句子所表述的内容就完全不同了。试比较:

(14) 小张和小王打架。

(15) 小王和小张打架。

(16) 小张和小王结婚。

(17) 小王和小张结婚。

例(14)和例(15)在客观真实世界中是同一件事,句子意义是相同的,但在说话人看来性质是完全不同的,语法形式不同,语法意义也就不同。例(14)尽管打架双方都有责任,但"小张"是打架的主动者,应负主要责任,"小王"是被动者,负次要责任。例(15)则恰巧相反,"小王"成了主动者和责任主体,"小张"成了被动者,负次要责任。因此例(14)和例(15)语法意义上完全不同的。

例(16)和例(17)客观意义也相同,但语法意义也不同。例(16)"小张"是结婚的主动者,说话人旨在强调"小张"做了什么事情;例(17)则相反,"小王"是结婚的主动者,说话人强调"小王"做了什么事情。两句话的视角和出发点是不同的,语法意义也是不同的。

关系性谓词成分表示相同、相似、相关、相反等关系。例如:

(18) 火车和汽车一样,都是重要的交通工具。

(19) 这种武器和手枪比较接近。

(20) 他和这件事有关。

(21) 中国和所有其他国家都不同。

朝向性谓词成分不具有对称性,是一方针对另一方的态度、行为等等。例如:

(22) 他和我道歉了。

(23) 他和我开玩笑。

(24) 他和我玩命。

上述内容朱德熙先生在《语法讲义》有细致的论述。

第三种情形,如果谓词性成分是位移性的、持续性的,"和"既可能是连词,也可能是介词,所形成的句子有两个不同的意思。

位移性谓词成分表示动作的位移,即施事的空间移动。因为这种运动的发出者既可以是平列关系,表示双方共同的位移;又可以是主从关系,表示以一方为主、另一方为协从的位移,所以就形成同形异构的情形。例如:

(25) 李平和魏芳去美国了。

例(25)是歧义句,第一个意思,"李平和魏芳"是平列关系,"和"是连词;第二个意思,李平是去美国的主体,魏芳是伴随对象,"和"是介词。如果问"都有谁去美国了?",例(25)是第一个意思;如果问"李平呢?",例(25)是第二个意思。

持续性谓词成分表示动作的持续,即施事从事某项活动的时间过程。跟位移性谓词成分一样,持续性谓词成分也可以形成同形异构的歧义句。例如:

(26) 李平和魏芳在教室看书。

例(26)也是歧义句,两个意思的情况和例(25)相同。如果问"都有谁在教室看书?",例(26)是第一个意思;如果问"李平呢?",例(26)是第二个意思。

第四种情形,如果谓词性成分是言谈性的,"和"既可能是连词,也可能是介词,所形成的句子有三个不同的意思。例如:

(27) 李平和魏芳说话。

例(27)是包含三个意思的歧义句。第一个意思,"李平和魏芳"是平列关系,"和"是连词;第二个意思,李平是说话的主体,魏芳是伴随对象,"和"是介词,两个人都说话。第三个意思和第二个意思其他都相同,只是有"李平说话,魏芳只听不说话"这样的意思。也就是说,第二个意思是两个人交流,都在说话,第三个意思是单向的,一方说一方听。

"和、跟、同、与"是四个同义词,用法上有一定的差别。"和"是通用的,"跟"有北方话色彩,"同"有南方话色彩,"与"有书面和文言色彩。

六 关联词"一个"

"一个"不但有数量词的用法,也有关联词的用法。例如:

(1) 刘寿绵这个人呢,一个,好行善,花多少钱不在乎;一个,太轻信,好多人就骗他,最后呢,弄得破产,出家当了和尚。

(2) 在政协,有一句话是"不说白不说,说了也白说",因此对我来说,一个,自己对政协确实不太了解,另外一个呢,就是说,这个地方可以说话,但是说了也没什么用,所以那个时候参与感也不是那么强。

以上两例"一个"都具有连接作用,是关联词。例(1)用"一个"将刘寿绵的性格特点连接起来,例(2)用"一个"将"我"对政协的认识连接起来;这都是"一个"的连接用法。

"一个"可以单用,但连接的内容还是两个或两个以上。单用的"一个"一般仅用于后分句,而且常常用"再一个""还有一个"等形式。例如:

(3) 因为害怕长期吃阿奇霉素对小孩有影响,再一个,我彻底丧失了对我们这里医院的信心,去别的地方又不方便,就不再治疗了。

(4) 科学研究你是第一个,你要有旁证,你说我看见鬼了,那不行,必须有人跟你一起看到,而且你们两个还不能有关系,你说你哥跟你看的,那不行;还有一个,你看见鬼了,你今天晚上领我再看一次,因为科学实验是要能重复的。

"再一个""还有一个"也属于连接成分,是关联词,相当于"另一方面",可以单用连接两个或两个以上的内容。

"一个"多为配套使用。分两种情况。一是同列性配套使用,形式为"一个……一个……""一个……另一个(或'另外一个')……""一个……再一个……"等等。例如:

(5) 老赵和宋丹丹前不久确实在三亚见过面了,一个,是因为巧合,他们俩的别墅是在一起,另一个,则是老友叙旧,不过双方在一起只是漫无目的地聊天,基本没有谈到春晚小品这个话题。

(6) 山东的服务业面临着非常重要的问题,一个,它所占的比重比较小,全国的比重到了44.6%,山东只有40%;再一个,它的结构不是很合理,像传统服务业占的比重比较大,新兴服务业占的比重比较小。

同列性配套可以是两项并举,如例(5)(6),也可以三项或三项以上并举,形式为"一个……一个……一个……""一个……另一个……再一个……"等等。

二是序列性配套使用。序列性配套可以是两项序列,形式为"一个……二一个(或'第二一个'……)";也可以是三项或三项以上序列,形式为"一个(或'头一个')……二一个(或'第二一个')……三一个(或'第三一个')……"等等。例如:

(7) 如今怎么会有这么些小孩儿呢?头一个,生活富裕,结婚的多啦;二一个,收生的这个主儿哇,是专门产科,有学问,对于婴儿,对于产妇,她能完完全全负责。

(8) 提高医生的职业道德很重要,一个是要教育,二一个是要指导,三一个是必须要规范操作,按流程操作,一旦违背了制度,你就走偏了。

同列性配套和序列性配套完全是形式上的,意义上没有实质性的差异,即使把同列性的换成相应的序列性的,或者反过来把序列性的换成相应的同列性的,也都没有问题。当然,和同列性配套相比,序列性配套更具有条理性,更便于表达和理解。

"一个"可以和所连接的分句紧密联系在一起,形成连续不断的言语片段。"一个"后面常常是谓词性结构的分句。例如:

(9) 我写作小品文,一个注意它的针对性,一个注意它的形象性,一个注意它的幽默感。

(10) 这个局势你要看清楚,一个要严打,一个也要得饶且饶。

在强调或语气舒缓的情况下,连接成分"一个"和所连接分句之间还可以出现顿断。可以通过超语段的短时停顿表现(书面上用逗号断开),也可以通过句中语气词"呢"表现。例如:

(11) 今天的婚姻恋爱,也是一样。一个,是不是一见倾心,如果再也没有什么一见倾心的事情,总得要互相理解嘛;再一个,总得要想一致吧,不能完全两回事嘛。所以我觉得曹雪芹的这种婚姻理想,包括他前面说的人生道路的理想,都是属于我们今天现代人自己的生活。

(12) 这一次接受你们的采访,一个呢,我是希望通过媒体告诉大家这样的一个惨痛的教训,二一个呢,我希望能有这样的机会向过去曾经喜欢过我的歌的那些朋友,认一个错,我错了,并且请求大家的原谅。

例(11)出自《百家讲坛》,说话人为了强调,有意形成顿断,提示听众内容重要,使听众能够更好地接受说话人的观点。例(12)是谢东接受采访时所说的话,说话人边想边说,使语句形成舒缓性的顿断。

"一个"所在的复句至少应该包含两个层次、三个分句,这两个层次、三个分句的复句构成一个最简而又最全的模式。例如：

（13）说到小天鹅集团新的增长点，一个，我们要抓住中国扩大内需这样一个很好的机遇，再一个，随着农民购买力的增加，市场的扩大对我们来说是一个推进。

例(13)首先由前述内容"说到小天鹅集团新的增长点"和后面两个并列项形成第一个层次，是解注关系；后面的两个并列项是第二个层次，是并列关系。"一个"的语义模式涉及两种关系：一是前述内容和并列项的关系，一是并列项之间的关系。

前述内容和并列项，主要有三种模式关系。

首先，话题—陈述。前述内容是一个指称性或事实性成分，成为一个话题，并列项是对该话题的陈述。例如：

（14）家长告诉记者，自己的孩子找工作，一个，工资要高，再一个，单位还得要大，保险、医疗等方面还得有保证。

其次，背景—前景。前述内容以介宾短语的形式提供一个或几个背景，并列项则成为前景。例如：

（15）自然，在前面两个因素的作用下，一个，是实际没有地位，另一个，在心理战上自己就已经低人一等，有了先入为主的惭愧心理。

（16）从球员的角度，在好的训练理念引导下，一个是整体意识提高了，另外一个，由于和大牌球员的接触，他们的心理以及对足球的理解，提高了。

再次，事件—缘由。前述内容是一个事件，后面的并列项提供了该事件的几个缘由。例如：

（17）这种炎热的夏季，干部到道路上劝导这些车辆，一个，是让他们感受到这个工作的艰辛；一个，也是自我教育。

并列项之间的关系,主要有两种情形。

其一,相关相类。并列项之间具有相关的意义,或者从整体看属于同一个类别。这种情形占主流,尤其是当并列项为三项或三项以上时,都是相关相类关系。例如:

(18) 这个滴灌系统,一个,节约了用水成本;再一个呢,就是水肥运筹更加合理科学;三一个是滴灌系统比较省时省工,从另外一方面大大增加了我们职工的收入。

例(18)是关于滴灌系统好处的说明,其内容都是相关关系,即节约成本、运筹科学、省时省工。

其二,相反相对。并列项之间是相反相对的关系,常常和转折词语共现,因此带有轻微转折的味道。这种情况很少,而且仅限于两个并列项之间。例如:

(19) 对美国而言,一个是要定点打击"伊斯兰国""呼罗珊"等极端武装,另一个,却又向"叙利亚自由军"等武装组织继续提供装备和资金。

(20) 现在的刑事诉讼法修正案,一个,规定了"不得强迫任何人证实自己有罪",另一个,则又保留了犯罪嫌疑人"如实回答"的义务。

例(19)"打击极端武装"和"提供装备资金"形成对立,例(20)"不得自证有罪"和"如实回答"形成对立。

关联词"一个"具有口语性,一般情况下,说话人说出来,然后再在书面上记录下来,而不是在书面写作中直接使用。和口头性相关,"一个"用作关联词,还具有自由随意的语用特征,只用于自由、随意、轻松、散淡的场合,不用于郑重的场合。在关联词聚合系统中,和"一个"最接近的是"一方面",但"一方面"可以用于郑重的场合,而"一个"不可以。例如:

(21) 在解放区,一方面,军队应实行拥政爱民的工作,另一方面,民主政府应领导人民实行拥军优抗的工作,更大地改善军民关系。

(22) 在这种非常复杂的形势下,一方面我们没有在大敌当前犯进攻"自家人"的错误,另一方面我们也没有在反共顽固派武装进攻面前,犯毫不抵抗、一味退让的右倾机会主义的错误。

例(21)出自毛泽东《论联合政府》,例(22)出自《刘少奇选集》,出于语体的要求,两例"一方面……另一方面……"都不能用"一个……另一个……"替代。

七 "的、地、得"

"的""地""得"是三个不同的结构助词,是汉语中非常重要的语法成分。"的""地""得"读音相同,口语无法区分,只用于书面区分。从基本用法来看,"的""地""得"可以这样区分:

"的"——定语标记,用于定语和中心语之间;

"地"——状语标记,用于状语和中心语之间;

"得"——补语标记,用于述语和补语之间。

先说"的"。"的"用于定语和中心语之间,如"我的电脑""明天的报纸""北京的天气""写的文章"等。定语和中心语之间有的不能用"的",如"那本书",不能说"那本的书";有的必须用"的",如"在上海的外国人",不能说"在上海外国人";有的可加可不加,但意义不同,"一斤鱼"和"一斤的鱼"不同,"一斤鱼"不一定是一条,"一斤的鱼"一定是一条。有的结构本来不是定中结构,加"的"就变成定中结构,如"写文章"是述宾结构,"写的文章"是定中结构;"老王师傅"是同位结构,"老王的师傅"是定中结构。

再说"地"。"地"用于状语和中心语之间,如"悄悄地说""飞快地站了起来"等。一般地,单音节状语都不加"地",如"很好"不能说"很地好","大吃一顿"不能说"大地吃一顿"。时间名词、能愿动词、动量短语、介宾短语作状语,都不加"地"。双音节形容词作状语一般要加"地",如"高兴地说,满意地点了点头"。双音节副词作状语,大部分可加可不加,如"非常愉快"和"非常地愉快","慢慢走"和"慢慢地走";有些不能加"地",如"马上走"不能说"马上地走","的确贵了点儿"不能说"的确地贵了点儿"。

最后说"得"。"得"用于述语和补语之间,如"写得非常好""吃得饱""走得出去""好得不得了"等。状态补语必须带"得",如"写得非常好"不能说"写非常好"。可能补语的肯定形式可以看作是结果补语和趋向补语加补语标记"得"形成的。如"吃饱",补语是结果补语,"吃得饱"是可能补语的肯定形式,意思是"能吃饱";"走出去",补语是趋向补语,"走得出去"是可能补语的肯定形式,意思是"能走出去"。程度补语有些带"得",比如"热得很""好得不得了"等。

"的""地""得"的基本用法是容易辨别的,但有时会出现纠结的情形,包括"的"和"地"的纠结,"的"和"得"的纠结,"地"和"得"的纠结。

先说"的"和"地"的纠结。"的"和"地"的纠结主要是由于偏正结构性质的问题,即一个偏正结构到底是定中结构还是状中结构。定中结构和状中结构的区分主要看中心语的性质。如果中心语是名词性的,就是定中结构,如"我的电脑""明天的报纸","电脑""报纸"都是名词性的;如果中心语是动词或形容词性的,就是状中结构,如"非常地愉快""慢慢地走","愉快"是形容词性的,"走"是动词性的。还要看整个偏正结构的语法位置,比如"这本书的出版",由于总出现在主语和宾语的位置上,因此即使"出版"是动词性的,"这本书的出版"也是定中结构,用"的"而不用"地"。有时要根据语法位置决定用"的"还是用"地","周密的调查很有必要","周密的调查"在主语位置,是定中结构,用"的";"他们正在周密地调查问题","周密地调查"在谓语位置,是状中结构,用"地"。

再说"的"和"得"、"地"和"得"的纠结。"的"和"得"、

"地"和"得"一般不容易形成纠结,只是在歧义的情况下容易出现纠结的情形。"的"可以省略中心语,形成"的"字短语,如"我的""写的""他买的"等。如果是在动词性成分之后、形容词性成分之前,既可能是"的",也可能是"得",从而出现纠结情形,如"写的很好"和"写得很好",前者是主谓结构,意思是内容很好,后者是述补结构,意思是行为很好。如果是在形容词性成分之后、动词性成分之前,既可能是"地",也可能是"得",这也是纠结情形,如"高兴地跳了起来"和"高兴得跳了起来",前者是状中结构,中心成分是"跳了起来",后者是述补结构,中心成分是"高兴",根据辅助成分重读的原则,在口语中两个结构的重音位置是不同的,"高兴地跳了起来"重音为"高兴","高兴得跳了起来"重音为"跳了起来"。

在具体运用中,只要我们抓住"的""地""得"三者的基本用法差异,就可以简驭繁,变难为易。

八　动态助词"着"

"着"是动态助词,用在谓词性成分后面,表示动作正在进行或状态正在持续。什么情况下可以用"着",什么情况下不能用"着",是语法学应该着力研究的内容。谢质彬先生2001年在《语文建设》第7期上发表了一篇文章《什么情况之下不能用"着"》,对不能用"着"的情况进行了探究,认为有四种情况不能用"着":

1. 连词后面不能用"着";
2. 介词后面不能用"着";
3. 表示动作已经完成的词语后面不能用"着";
4. 某些非持续性动作词语后面不能用"着"。

前两个问题实际上是一个问题。谢先生认为"因"是连词,"因着"是连词后面用"着",实际上,这里的"因"是介词,是介词后面用"着"的情形。看下面两例(谢质彬原例,有删节):

(1) 因着这样那样的原因,他们卸下外企白领的模具来到了逐渐成长壮大的国内企业。

(2) 因着他在文学界的声望,几次公审都引起舆论的极大关注。

例(1)(2)显然是介宾短语作句首状语,不是独立分句,因此"因着"不是连词。

这样,上面四个问题实际上只有三个:

1. 介词后面能不能用"着"?
2. 所谓表示动作已经完成的词语后面能不能用"着"?
3. 所谓非持续性动作词语后面能不能用"着"?

在我们看来,这些情况都可以用"着"。以下具体说明。

1. 介词后面带"着"的问题

介词后面带"着"的问题,赵元任先生和赵淑华先生都有很好的论述。赵元任在《汉语口语语法》中说:"(介词)少数带进行态的'着'。"赵元任先生所举可以带"着"的介词有"冲、朝、对、为、沿、顺、照、按、按照、凭、靠"等。赵淑华先生也认为:"介词大部分是由动词转成的,因此一部分介词还可以与动态助词'了''着'相结合。"赵淑华先生所举可以带"着"的介词有"朝、趁、冲、当、对、借、离、靠、就、凭、随、为、向、依、照、依照、遵照"等。

谢质彬先生举出的介词带"着"的例子是"依照着、顾及着、拿着",认为这些用法都是不规范的。我们认为,这里"顾及"是动词,不是介词。"依照着、拿着"也都是正确的说法,除了谢质彬先生的用例,我们再举例如下:

(3) 依照着《红楼梦》里的菜单做出来的"红楼宴",四不像且难吃,只能在景区当中被沦为摆设。(《南方日报》2016年3月9日)

(4) 这不屑一顾的吼声,令小刘感到自尊心受到了莫大的伤害,嗔怒地望了她一眼,心里暗暗说:"别拿着豆包不当干粮,走着瞧!"(张国华《颐养梦想的好时光》)

2. 所谓动作已经完成的词语后面带"着"的问题

谢质彬先生认为"牵动、浓缩、伴随、举办"是动作已经完成的词语,这些词语后面不能带"着"。我们认为这个看法不正确。首先,这些动词很难说是动作已经完成的词语,动作已经完成的动词是完结动词,而这些动词都是表示状态的动词。如果表示状态的持续,后面用"着"是没有任何问题的。其次,这些动词后面用"着",是十分常见的,没有任何不规范

的意味。我们再另外举例如下:

(5) 2020年伊始,突如其来的新冠肺炎疫情席卷中华大地,牵动着全国人民的心。(《中国青年报》2020年5月5日)

(6) 一段时间以来,中国从政府到社会,都在力所能及地向有关国家捐赠抗疫物资,包裹上暖人肺腑的寄语,浓缩着中国与世界各国守望相助的大义担当,饱含着中国人民与世界人民共克疫情的坚定决心。(《人民日报》2020年4月13日)

(7) 我打小在草原上长大,放羊放牛伴随着我的童年。(《中国组织人事报》2020年5月27日)

(8) 从暮春开始,直到秋初,这个湖湾举办着各式水上运动活动。前来休闲放松的市民,扑进瀛湖的怀抱,在清水中把自己的心情泡软,泡柔,泡得如清水一样干净。(《人民日报》2018年3月26日)

3. 所谓非持续性动作词语后面加"着"的问题

谢质彬先生认为"告诉、接受"是非持续性动作词语,这些词语后面不能带"着"。我们认为这个看法不正确。首先,这两个动词不是非持续性动作动词,"告诉"是言说动词,"接受"是获取动词。其次,这两个动词后面用"着",是比较常见的,不能说不规范。我们再另外举例如下:

(9) 这就是小机灵鬼刘家祎,尽管你也许早已在很多热门电视剧中见过他,但他身上对表演的激情和朝气,仿佛在告诉着所有人:"演员刘家祎正出发,未来可期。"(《新京报》2019年9月23日)

(10) 千千万万个孩子,响应号召,足不出户,却接受着或将影响一生的教育;千千万万位老师,叮咛嘱咐,责任到人,架起一道护卫学生身心健康的"城墙"。(《人民日报》2020年

2月17日)

根据上述事实可以说明:

1. 介词后面可以用"着";
2. 状态动词后面可以用"着";
3. 言说动词后面可以用"着";
4. 获取动词后面可以用"着"。

九 "连"字句

先看两个例子:

(1) 据说法国的高考试卷里曾有让学生分析哲学家思想的题目,让考生很头疼,也引起很强烈的不满,觉得那些深奥的理论连教授都难以论述,竟然用来为难孩子。(《光明日报》2016年1月15日)

(2) 一家名为"走板"的甜品店推出了价格为128元的踏青野餐双人套餐,含有2份蛋糕卷和1份手工曲奇,以及2杯网红乳酪茶。相比普通的外卖盒,这些食物均配有"高颜值"的便当盒,就连乳酪茶也是精致的玻璃瓶包装。(《北京日报》2020年5月26日)

例(1)"那些深奥的理论连教授都难以论述"和例(2)"就连乳酪茶也是精致的玻璃瓶包装"是典型的"连"字句,形式为"连……都……"和"连……也……","连"用来强调后面的名词性成分。

"连"字句的运用受社会固有模式的制约。社会固有模式是特定群体的固化认知模式,是特定群体对人、物、世界等的简单性的看法。比如,说到英国人,我们马上想到"英国人具有绅士风度";说到法国人,我们马上想到"法国人非常浪漫";说到乌鸦,我们马上想到"乌鸦是黑色的,而且不吉利";说到老虎,我们马上想到"老虎身上有条纹,而且凶猛"。社会固有模式一般情况下都是符合实际情况的,但也会有很多例外,比如,英国人不都有绅士风度,法国人不都浪漫,乌鸦不都是黑色的,老虎不都是有条纹的。社会固有模式影响着语言的运用,比如"竟然"只用于不符合社会固有模式的情

况,不用于符合社会固有模式的情况:

那个英国人竟然没有绅士风度

＊那个英国人竟然有绅士风度

那个法国人竟然不浪漫

＊那个法国人竟然很浪漫

那只乌鸦竟然不是黑色的

＊那只乌鸦竟然是黑色的

那只老虎竟然没有条纹

＊那只老虎竟然有条纹

上述例子说明,只有在违背社会固有模式的情况下,才能使用副词"竟然",而在符合社会固有模式的情况下,不能使用副词"竟然"。

"连"字句也是如此。只有在违背社会固有模式的情况下,才能使用"连"字句,如果符合社会固有模式,就不能使用"连"字句。例(1)"那些深奥的理论连教授都难以论述"是违背社会固有模式的情形。在社会固有模式中,教授可以论述深奥的理论,而学生难以论述,因此可以说"那些深奥的理论连教授都难以论述",但不能说"那些深奥的理论连考生都难以论述",因为考生难以论述是符合社会固有模式的情形。例(2)"就连乳酪茶也是精致的玻璃瓶包装"也是违背社会固有模式的情形。在社会固有模式中,蛋糕卷和手工曲奇可以进行精致包装,而乳酪茶不需要精致包装,因此可以说"就连乳酪茶也是精致的玻璃瓶包装",但不能说"就连蛋糕卷和手工曲奇也是精致的包装",因为对蛋糕卷和手工曲奇进行精致包装是符合社会固有模式的情形。

"连"字句一般都是在对比或比较的情况下,用于违背社会固有模式的情形。例(1)是教授和考生对比,在社会固有模式中,教授比考生水平高;例(2)是蛋糕卷、手工曲奇和乳酪茶对比,在社会固有模式中,蛋糕卷、手工曲奇比乳酪茶重要。

有的"连"字句没有明显的对比或比较,但也暗含对比或比较的意味。例如:

(3) 武大靖起点不高,在队里连女孩子都滑不过。(《中国体育报》2018年5月10日)

(4) 苏霍伊系列战机素来以机动灵活著称,这一点连美国人也不得不叹服。(《中国国防报》2019年9月30日)

例(3)武大靖是男性短道速滑运动员,被称为"佳木斯第一帅"。刚开始学习的时候连女孩子都滑不过,这里没有明显的对比,但仍然暗含着对比:对武大靖来说,且不说滑不过男孩子,连女孩子都滑不过。如果把对象换成暗含的男孩子,"武大靖连男孩子都滑不过",句子就不能接受。例(4)俄罗斯苏霍伊系列战机是目前世界上最先进的军用飞机之一,连美国人也不得不叹服,也没有明显的对比,但也暗含着对比:对俄罗斯苏霍伊系列战机来说,且不说其他国家,连美国人也不得不叹服。如果把对象换成暗含的其他国家,比如毛里求斯,"俄罗斯苏霍伊系列战机连毛里求斯人也不得不叹服",句子就不能接受。

有的"连"字句和具体语境有关。例如:

(5) 在旁人眼里,李永珍的排爆水平响当当。没想到,连他都开始叫难。(《解放军报》2020年1月23日)

(6) 粗粗一看,就是拉土方的事,但这么大的量、这么短的工期,放在一起,就会引起几个甚至几十个难题,一起冒出来摆在你面前。总之,连我也没干过这么大的工程。(《人民日报》2018年4月2日)

例(5)(6)"连"字句的运用似乎只是由语境决定的,实际上仍然和社会固有模式有关。例(5)事情发生在武警新疆总队某机动支队,在这个支队里,李永珍排爆水平高,所以不应该叫难,这是符合社会固有模式的,由于违背社会固有模式,所以用"连"字句。例(6)事情发生在"恒大"扶贫的乌蒙山区,说话人是扶贫人员之一,干过一些大工程,因此也理应干过眼前这么大的工程,这才是符合社会固有模式的,由于违背社会固有模式,所以也用"连"字句。

十　虚词的运用

　　虚词是一种语法手段,只有语法意义,没有词汇意义。虚词包括副词、介词、连词、助词、语气词。在虚词中,副词用来作状语,其他虚词都不能做句子成分。虚词都是封闭性词类。在现代汉语中,每一类虚词都只有数十个或上百个,不同的语法系统有不同的处理,但都不会很多,在可见的历史时期虚词很难出现新的成员。虚词在句法上具有限制性。虚词一般不参与句法分析。比如,"我的书包"的"的","吃了饭"的"了","因为他去"的"因为","你走吧"的"吧",都不参与句法分析。虚词位置黏着:介词一定在前;句内连词一定在中间;句际连词一般都在前面;助词一般都在后面,个别在前面,比如"所";语气词一般在句末位置。

　　虚词尽管封闭、黏着,但非常重要,尤其在现代汉语中。从语言类型看,汉语虚词是重要的。形态语言虚词不太重要,比如有时态,就不需要时态助词;有格,就不需要结构助词甚至介词。语气可以通过语音变化表达,可以不用语气词。如果词形变化能够承担一些虚词的作用,虚词就不需要那么多,地位也就没有那么重要了。汉语虚词,尤其是常用虚词,不但频率高,在系统中的地位也很重要。形态语言中的数范畴、格范畴、时范畴、体范畴、语态等,在现代汉语中都需要通过虚词表现。比如,虚词"们"表达数的意义,"用"表达工具意义,"了"表达完成意义,"被"表达被动意义,等等。不同的虚词可以表达不同的语义关系,比如,"老师的学生"和"老师和学生",前者表达领有性修饰关系,后者表达加合性并列关系。再比如,"用棍子打断了","用"用来介引工具;

"被棍子打断了","被"用来介引施事者;"把棍子打断了","把"用来介引处置对象。

虚词的运用不仅是语法问题,也是修辞问题。虚词选择得好,也有提高表达效果的作用。老舍的话剧《宝船》有一句台词"开船喽!"。日本朋友曾问老舍,为什么不用"啦"而用"喽"?老舍说,用"啦"是对一个人说的,用"喽"是对大家说的。可见,虚词的选择也是大有讲究的。再看以下用例:

(1) 以前王二拼命奔逃时,想过好多"幸亏":幸亏他在半空中上班,幸亏他从小就喜欢爬树上房,幸亏他是中学时的体操队员,会玩单杠等等,否则早被老鲁逮住了。

后来王二又发现一点都不幸亏:假如他不会爬树上房,不会玩单杠,不能往天上逃,那王二就会早早地站在地下,握紧了拳头,想着假如老鲁敢来揪他的领子,就给她脸上一拳,把她那张肥脸打开花。(王晓波《革命时期的爱情》)

(2) 我记得那个姑娘的眼睛和鼻子互不相让,一味向脸庞的中路挤去,导致脸的中部浓墨重彩,而其余部分剩下大块的留白。(双雪涛《聋哑时代》,《鸭绿江》2015年第2期)

例(1)的"幸亏"已经不纯粹是一个表示侥幸意义的语气副词了,它是整个语篇的"篇眼",把作者所表达的思想很好地贯穿了起来。"一味"一般是用来指向人的行为的副词,在例(2)中用来指向眼睛、鼻子的状态,显然是拟人用法,这里虚词"一味"在拟人修辞中有不可或缺的作用。

虚词的运用,有时能够取得比实词更好的表达效果。吴祖光在《风雪夜归人》中写玉春向魏莲生诉说苏弘基所作所为的时候,原来的话语是"好凶的样子!他骂我,打我"。后来改为"好凶啊!他骂我,打我"。由原来的实词"样子"改为虚词"啊",强化了人物的思想和情感,不仅原来的恐惧心理依然未变,还增加了愤怒的情绪。

第三讲 结构

一 "有+动词结构"

"有"的基本用法表示领有。表示领有意义的"有",最典型的用法是"某人有某物"。例如:

(1) 老刘有一辆汽车。

(2) 我有一千册藏书。

例(1)(2)都是具体的事物。"有"的对象还可以是人或抽象的事物。例如:

(3) 老刘有三个儿子。

(4) 我有一个梦想。

领有的主体,最典型的是表人名词,人领有物,是最常见的情形。领有的主体还可以扩展到时间、事物等成分。例如:

(5) 今天有大到暴雨。

(6) 桌子有四条腿。

例(5)(6)分别是时间、事物作为领有的主体,虽然不像表人名词那样有典型的领有特征,但仍然可以作领有理解,可以认为是隐喻的领有:时间、事物和领有对象的关系,就像人领有某物一样。

上述都是狭义的领有。吕叔湘认为,"有"除了表领有,还可以表存在以及性质、数量达到某种程度,这些用法不妨看作广义的领有。例如:

(7) 树上有两只小鸟。(吕叔湘例)

(8) 河面上有几条小船开过来了。(吕叔湘例)

(9) 这花开得有碗口那么大。(吕叔湘例)

(10) 他走了有三天了。(吕叔湘例)

例(7)(8)是存现句,表示某处存在某物;例(9)(10)"有"是主观估量标记,后面引出一个主观估测的数量。这两种情况可以作为广义领有理解,前者是处所领有事物,后者是事物领有数量。广义领有也是隐喻领有,是由隐喻机制导致的范畴扩展延伸。

如果"有"后面是动词结构,整个句子表示完成,"有"表示完成意义。王森等学者基于媒体语料对当前汉语中存在的"有+动词结构"的用法进行了描写。例如:

(11) 你们有提前沟通一下吗?(王森等例)

(12) 今天你的徒弟有来剧场吗?(王森等例)

(13) 我一直有练。(王森等例)

(14) 唐国强的书法作品在各大拍卖会上从来未见有拍卖。(王森等例)

上述这些用例都是完成意义,"有"可以看作完成体标记。"有"的完成意义是从领有意义发展而来。"有+动词结构"的形成,是由于语言共性的生发、对称机制的需求以及相关格式的促成。

首先,语言共性的生发。"有+动词结构"的形成,跟人类语言的共性密切相关。因为从人类语言共性的角度看,领有动词向完成体标记的发展是人类语言的普遍现象,领有和完成在认知上具有共性。一方面,二者都是过去发生的;另一方面,二者都和现在有联系。许多语言的领有动词都发展出了完成体标记的用法,比如英语领有动词 have 最终发展为完成体标记,即"have+过去分词"用法。除英语外,其他语言如法语、瑞典语、意大利语、西班牙语、葡萄牙语等都存在领有动词发展为完成体标记的情况。因此,汉语"有+动词结构"用法的形成,正是在语言共性的深厚土壤中生发出来的。

其次,对称机制的需求。人具有一种天生的对称本能,人类语言也存在着广泛的对称机制。伍铁平认为,在汉语中,对仗、节奏、平仄、头韵、尾韵等,都有对称的机制在起作用,从魏晋开始形成的骈体文,其语句方面的骈偶和四六句、语音上的平仄相对,更是使对称达到了登峰造极的地步。此外,修辞中的对偶、排比、迭映、对衬也都严格遵循对称的规律。更进一步说,语言的对称机制其实正是语言审美机制的反映。语言如同艺术一样,有时具有纯审美的特征,这种纯审美的动因导致了语言的表现艺术和装饰艺术,而这源于人类普遍的审美动力。

语言的对称机制有可能会推动不对称的句法结构向着对称性发展。就汉语完成体来说,其肯定形式和否定形式是不对称的,汉语完成体的肯定形式是"了",而否定形式是"没(有)":

肯定形式	否定形式
吃了	没吃
去了	没去
睡觉了	没睡觉
下雨了	没下雨

这种不对称的句法结构如果要向对称性方向发展,唯一的途径就是发展出"有+动词结构"以达到和"没(有)+动词结构"对称:

肯定形式	否定形式
有吃	没吃
有去	没去
有睡觉	没睡觉
有下雨	没下雨

再次,相关格式的促成。"有+动词结构"的形成跟近些年来"有没有+动词结构"的大量出现有关。"有没有+动词结构"是新兴的正反问句。在具体语境中,疑问句一般都是需要回答的,正反问句也不例外。对"有没有+动词结构"问句来说,肯定的回答形式应该是"有+动词结构",否定的回答形式是"没有+动词结构"。在汉语中,"没有+动词结构"已经是稳固的语法形式,而"有+动词结构"则受到了"了"的强势排挤,"了"不但历史长,而且频率高,在汉语中呈稳固存在态势。但尽管如此,"有+动词结构"还是因为它自身具有深刻的理据性而出现在汉语中,近年来出现的"有没有+动词结构"正是适应了这样的一种趋势。

邢福义先生曾经举了一个例子:

(15) 他们有读笔录给我听,但我没有听到这句话。

邢福义先生认为,这个例子前分句可以看作是对"他们有没有读笔录给你听"的肯定回答,后分句可以看作是对"你有没有听到这句话的否定回答"。

"有+动词结构"最早应该是出现在"有没有+动词结构"问句的答语中的。随着这一现象的不断增加,"有"修饰谓词的用法被类推到其他陈述句中。再以后,"有没有+动词结构"被进一步类推到疑问句中。以下是杨文全、董玉雯文章中举的一些例子:

(16) 我有觉得我和他不谋而合。(杨文全、董玉雯例)

（17）采用 win32 内核,程序关闭后会有留下一些常驻内存程序在内存里。(杨文全、董玉雯例)

（18）我有说过我爱你吗?(杨文全、董玉雯例)

例(16)可以看作"你有没有觉得你和他不谋而合?"的答语;例(17)是一般陈述,不宜看作答语;例(18)则已经是疑问句了。

"有+动词结构"用在疑问句中以后,跟"有没有+动词结构"形成了互补:前者为是非问句,后者为正反问句。它们有着不同的语法特征和语用倾向。

二 "织毛衣"和"织毛线"

先看两个例子:

(1) 天气晴好的时候,韩翠菊就会坐在阳台上边晒太阳边织毛衣。(《人民日报》2020年3月17日)

(2) 首个正式比赛日,第一块金牌出自单板滑雪男子坡面障碍技巧赛。比赛很紧张,没想到一个画面引来了笑声一片。原来,当芬兰选手托特利出场的时候,他的教练科斯基宁正在一旁淡定地织毛线。(《解放日报》2014年2月10日)

例(1)有"织毛衣",例(2)有"织毛线",两者在客观真实世界很有可能是相同的事情,即"织毛衣=织毛线",但在语言表达上用不同的方式,"织毛衣"是"动词+结果宾语","织"的结果是出来一件毛衣;"织毛线"是"动词+材料宾语","织"的材料是毛线,结果可能是毛衣,当然也可能是毛裤、毛袜等。

同样是织一件毛衣,既可以说"织毛衣",也可以说"织毛线",这是现代汉语宾语多样性造成的。现代汉语宾语主要有以下一些。

1. 受事宾语。宾语是动作或行为所及的对象,比如"吃苹果,看杂志"。

2. 施事宾语。宾语是动作或行为的发出者,比如"看医生,晒太阳"。

3. 与事宾语。宾语是给予的对象,比如"交给老师,送给朋友"。

4. 方式宾语。宾语是动作或行为的方式,比如"存活期,寄挂号"。

5. 工具宾语。宾语是动作或行为的工具,比如"盖住盖子,打棍子"。

6. 材料宾语。宾语是动作或行为的材料,比如"刷油漆,冲凉"。

7. 目的宾语。宾语是动作或行为的目的,比如"排车票,考研究生"。

8. 原因宾语。宾语是动作或行为的原因,比如"抓痒痒,哭爷爷"。

9. 结果宾语。宾语是动作或行为的结果,比如"写文章,生孩子"。

10. 时间宾语。宾语是动作或行为发生的时间,比如"起五更,过春节"。

11. 处所宾语。宾语是动作或行为发生的处所,比如"吃食堂,逛公园"。

12. 数量宾语。宾语是动作或行为所及的数量,比如"买一个,看两页"。

13. 判断宾语。宾语是判断的对象,比如"是上海人,是中文系学生"。

14. 使动宾语。宾语是致使的对象,比如"辛苦大家,繁荣市场"。

相同的动词,可以带不同类型的宾语。例如:

(3) 在端午节期间,"铁路/高铁"是中短途旅游的首选。从北京出发半小时就可在天津吃包子、听相声,上海人如果想在杭州西湖喝杯茶、散个步,只需乘坐1小时高铁就能实现。(《中国新闻出版广电报》2019年6月11日)

(4) 巩俐还采访了一些教练、运动员,跟队员们一起作息,一起报到,一起吃食堂,一起下班。(《新京报》2020年1

月21日)

(5) 王冲2013年7月毕业于中国传媒大学南广学院广播电视编导专业,如今在家已经呆了半年之久。"今年24了,老在家'吃父母'总归不是办法。"(《齐鲁晚报》2014年2月14日)

(6) "谢门"有个"馅饼大赛",固定的比赛地点是昌平太阳城里的馅饼店,而馅料就是普通的猪肉大葱,活动迄今已办了3年。谢冕一人能吃七八个,但有个女学生能吃十个。(《光明日报》2014年11月14日)

同样是"吃",宾语各不相同,例(3)"吃包子"是受事宾语,例(4)"吃食堂"是处所宾语,例(5)"吃父母"是方式宾语,例(6)"吃七八个"和"吃十个"是数量宾语。

宾语的多样性可以解释一些语言现象。比如有外国留学生学习汉语,对汉语的"救火"大惑不解,着火的时候应该救人、救财物,为什么放着人和财物不救,偏偏要救火呢?这是把原因宾语误解为受事宾语了。"救人、救财物"是"救"带受事宾语,"救火"是"救"带原因宾语,因为着火而救:由于宾语类型不同,理解也不相同。

宾语的多样性也可以解释一些说法是否规范的问题。"打扫卫生、恢复疲劳"曾经一度被认为是不规范的表达。打扫的对象应该是教室、院子,卫生怎么能打扫呢?恢复的对象应该是身体、精神,疲劳怎么能恢复呢?这是把"卫生、疲劳"当作受事宾语理解了。其实,"打扫卫生"是"打扫"带目的宾语,就像"排车票、考研究生"一样;"恢复疲劳"是"恢复"带原因宾语,就像"抓痒痒、哭爷爷"一样。因此,只要我们了解了现代汉语宾语的多样性,对许多语言事实的认识就会豁然开朗。

三 "进医院"和"去医院"

先看下面例子：

(1) 愁苦，我愁苦……妈妈又生病，要进医院，可是又申请不到免费证。

(2) 我刚才去医院看了个老同学，在那儿吃的午饭——凉面，胃里有点儿不舒服。

(3) 学校的老师马上把五年级的学生集合到操场上，让他们去医院献血。那些孩子一听是给校长献血，一个个高兴得像是要过节了，一些男孩子当场卷起了袖管。

(4) 那时候，我一放学就是去医院，在医院的各个角落游来荡去的，一直到吃饭。

一般说来，"进医院"是因为生病，因此说某人进医院了，言外之意就是某人生病了，进医院的目的往往是唯一的，就是治病，例(1)就是如此；而"去医院"原因很多，目的各不相同，除了仍然可以是治病以外，还可以是做其他事情，例(2)是去看同学，例(3)是去献血，例(4)是去玩耍。如果一个人陪另一个人去医院看病，他只能说"我陪他去医院"，而不能说"我陪他进医院"，显然这是因为"我"去医院的目的并不是为了看病，而只是为了陪"他"。因此，"进＋处所宾语"有言外之意，而"去＋处所宾语"没有言外之意。

"进＋处所宾语"中的事实主观性倾向非常明显，"去＋处所宾语"中的事实则具有客观性倾向。"进＋处所宾语"中的事实有时是人们不希望的，例如：

(5) 驻军真狠呀，往公安局一送，马上进监狱，马上就判，快极了，也是十年。

(6) 原来他是一个工地上的民工。有时候做木工的活,这时候头发上进了木屑;有时候做焊工的活,这时候脚上的鞋被火花烫出了很多洞;有时候做贼,这时候被逮住进了派出所。

有时是人们希望的,例如:

(7) 但在心里他会说,我有车呀,我有手机呀,我有记者证呀,我进过人民大会堂、钓鱼台国宾馆呀,我认识很多名流呀,我有很多社会关系呀,等等。

(8) 不是新换了市长吗,他托了个人情,进了教育局。

当然,就一个具体的小语篇而言,有时它并不能体现希望或不希望的主观倾向。例如:

(9) 我们都进过剧场。第一排和站在后边的有什么差别,不都是观众吗?

例(9)"我们都进过剧场"似乎无所谓希望还是不希望,但如果把"进过剧场"从语境中抽出来,从一般人认知的角度着眼,它仍然是人们主观希望的,因为人们一般情况下都是希望进剧场看戏的。

另外一个语言事实也可以说明"进+处所宾语"中的事实具有主观性倾向,那就是,如果"进+处所宾语"中的事实是人们希望的,那么,"没有进+处所宾语"往往表现了人们遗憾的态度。例如:

(10) 你的小主人们因为杭州的学校都迁移了,没有进学校,大家围着窗前的方桌,共同自修几何学。

(11) 爹娘一生辛苦劳累,为衣食所困,没进过大学校门,给他们也弄个"博士文凭",希望他们在那边能跻身于"精神贵族"。

(12) 两人几乎没进过电影厅,一些别人叫好的片子也是等到出了光碟才能租来观赏观赏。

如果"进＋处所宾语"中的事实是人们不希望的,就很少有"没有进＋处所宾语"的用法,除非是为了强调或者为了纠正的场合。下面的例子似乎是个例外:

(13) 因为拉博根本不是战后第一任首相,也从未进过集中营。况且,一位1945年时的政治家岂能和一名1995年的政党领导人相提并论?事实上,"惩处中心"一词最早出现在《第三帝国》里。

"进过集中营"是人们不希望的,但在这里"从未进过集中营"仍然是遗憾的事情,因为对拉博来说,如果有"进过集中营"的这种经历的话,那对他的政治活动无疑是有益的。这种解释显然是语境造成的,严格说算不上是例外。

"进"的基本义是从外面到里面,"去"的基本义是从所在地到别的地方。从认知的角度看,"进"要经过一个门,需要费一定的力气,因此具有非轻易性的语义特征;"去"只是位移,并不需要费太多的气力。这说明,从轻易程度上看,显然"进">"去"。

从客观的角度看,处所词语所指示的事物是无所谓褒贬好坏的,它们都只是客观的存在物。从主观的角度看,处所词语所指示的事物又深深地打上了主观情感的印记:从人的认知上看,有些处所是人们向往的,有些处所是人们回避的。凡是人们向往的处所,往往不能轻易入内;凡是人们回避的处所,往往不愿轻易入内。这样,处所词语在表现主观性的一面时,常常和具有非轻易性特征的"进"相联系;相应地,处所词语在表现客观性的一面时,又常常和具有轻易性特征的"去"相联系。

从这一点来看,"进＋处所宾语"比"去＋处所宾语"更容易成为主观化的东西。"进"和"去"都是趋向动词,它们自身并不会表现出主观化或客观化的倾向,但它们会影响到整个结构的主观化或客观化。如果进入的处所是人所向往的,而且"进"又是非轻易的,那么"进+处所宾语"所陈述的事实就必然是人们希望的;相反,如果进入的处所是人所回避的,而且"进"也是非轻易的,那么"进+处所宾语"所陈述的事实就必然是人们不希望的。而且由于类化,一些中性的处所放在"进"后面也往往会带上主观性。例如:

(14)有一年,记不得是哪一年,总之是我还小,还在上小学,党军(国民革命军)和联军(孙传芳的军队)在我们县境内开了仗,很多人都躲进了红十字会。不知道出于一种什么信念,大家都以为红十字会是哪一方的军队都不能打进去的,进了红十字会就安全了。红十字会设在炼阳观,这是一个道士观。我们一家带了一点行李进了炼阳观。

(15)据知情人士透露,杨某遭放射源辐射病变事发后,一些曾进过其办公室的员工十分恐慌,纷纷到医院检查,担心自己遭遇不测。

例(14)"进了红十字会"和"进了炼阳观"有一定的主观性色彩,因为要躲难,所以说话人希望能进这些地方。例(15)"进过其办公室"是人们不希望的,因为进去过的人有可能遭放射源辐射病变。这两例的"红十字会""炼阳观"和"办公室"虽然都是中性处所(因为不像"高等院校"那样具有褒义色彩,也不像"监狱"那样具有贬义色彩),但在"进过"后面都产生了主观性特征。

从认知的角度看,"进"的对象一定是一个容器(体),"去"的对象则可以是点、线、面、体的任一种。从空间性强度看,显然——体>面>线>点。在转喻理论中,空间性越强,发生转喻的可能性越大。"进"的对象一定是"体",所以"进+处所宾语"往往造成转喻。"去"的对象则不一定是"体",甚至即使在客观中是"体",说话人也往往作为"面"来看待。如"进医院"和"去医院",我们不妨这样认为:前者说话人是把医院作为"体"看待的,后者说话人是把医院作为"面"看待的。所以,"去+处所宾语"发生转喻的可能性就不大。这样,由于转喻,"进"的处所宾语往往成为凸显的对象,整个"进+处所宾语"结构所表现出的内容比它自身意义的内涵要丰富一些,从而出现言外之意。

"进+处所宾语"的言外之意主要表现在两个方面,即"进"的处所宾语的非特定性和"进+处所宾语"所反映事实目的的唯一性。非特定性是言外之意的表现,在一个集合中,至少有一部分元素是非特定的,才能保证这个集合具有规约性的言外之意;相反,如果这个集合中的元素都是特定的,就无法表现言外之意。而目的的唯一性则是言外之意的要求。很显然,如果言外之意所表现出来的目的是多样的,就无法被确定下来,这直接会影响到听话人的正确理解。

其实,即使在词汇平面,"进+处所宾语"也有许多是上述的情况。我们查李行健主编的《现代汉语惯用语规范词典》,有"进博物馆、进地狱、进坟墓、进棺材、进鬼门关、进火葬场、进牛棚"等惯用语,而"去"字条下无一例是"去+处所宾语"的情形。惯用语的特征之一是它们所使用和理解的意义是字面以外的那个意义——言外之意,多条语例说明"进+处所宾语"有较多的言外之意,而"去+处所宾语"则不存在这个情况。

四 "湿透"和"干透"

先看两个例子：

(1) 衣服湿透了。

(2) 衣服干透了。

例(1)"湿透"是液体渗透，"透"是结果补语；例(2)"干透"是达到完全，"透"是程度补语。"衣服干透了"是说衣服完全干了；"衣服湿透了"只是说衣服被液体渗透了，但并不一定是全部湿了，如果汗水把上衣的背面湿了一大块，而前襟没有湿，我们仍然可以说"上衣湿透了"。

根据我们朴素的认识，结果补语是实在的，程度补语是虚灵的，"湿透"是实实在在的"透"，"干透"就不那么实在了。同样，"杀死"是真正死亡了，"难看死"并非真正死亡。从认知和语法化看，语言发展总是从实变虚的，因此我们有理由认为程度补语是结果补语虚化来的。"透"越实在，虚化程度越低。

"透"可以表示物体贯通。例如：

(3) 锋利的枪尖，一下刺透了国王的头盔。

(4) 美国圣路易市在1896年发生过一次旋风，使一根松树棍竟轻易地穿透了一块一厘米左右的钢板。

这是"透"的基本意义，是最典型、最实在的用法。例(3)可以理解为"枪尖刺，使国王头盔透了"；例(4)可以理解为"松树棍穿，使钢板透了"。例(4)不妨把"旋风"理解为主体，把"松树棍"理解为工具。典型的情况是主体和工具都出现，如"他用电钻钻透了钢板"；但也可以只出现主体或只出现工具，如"他钻透了钢板""电钻钻透了钢板"。有时工具可以理解为是主体的一部分,如"老刘一拳砸透了窗户"。还有一种情况,如"冰雹太大了,把屋顶都砸透了",可以认为是主体和工具合而为一了。

物体贯通的结果是"透",具体表现为工具或空洞贯通了客体。

"透"可以表示内容洞晓。例如:

(5) 教学的关键是把重点难点讲透。

(6) 多年的实践使他终于悟透了这些道理。

例(5)(6)的主体是能够思维、能够表达和理解的人。主体有时不在句法层面出现,但可以根据常识推断。例(5)主体没有出现,但根据生活经验,教学的主体一定是教师。主体一般不需要借助工具达到洞晓内容的目的,但洞晓内容的过程一般是有难度的,需要付出较多的脑力劳动。

有些动词的常用义并不表示认知,但在带补语"透"的格式中表示认知,如"吃透了文件精神,摸透了他的脾气,看透了问题的本质"等。

"透"从表示物体贯通到表示内容洞晓,语义已泛化。物体贯通是具体的、看得见摸得着的,而内容洞晓是内在的,只是人内在精神的反映。这一语义泛化的机制是隐喻。物体贯通意味着阻碍消失,内容通晓也意味着阻碍消失,二者存在着相似性。

"透"表示物体贯通和内容洞晓,其典型致事是作为主体的人。"透"还可以表示光线穿过和流体渗透。例如:

(7) 就在这天夜里,天成把林家饺子馆点着了,火光映透了老鼠尾巴巷。

(8) 月光一样的朝暾,照透了这蓊郁着的森林。

(9) 泥巴裹满裤腿,汗水湿透衣背。

(10) 后边没有倒下的人的鞋底子,都被血洇透了。

(11) 炉子里的煤没有烧透。

(12) 他们彼此商量说,来吧,我们要作砖,把砖烧透了。

光线穿过和物体贯通也具有相似性,其语义泛化的机制也是隐喻。光线穿过的客体本来就是贯通的,或者在认知上是贯通的(透明物在认知上可以理解为是贯通的),光线穿过后,光线作为图像,客体作为背景,就非常鲜明地表现出来了。

流体包括液体和气体,水、蒸汽、火("火"是物体燃烧产生的光和焰,其中火焰属于可燃气体)都可以看作流体。液体渗透情况比较简单。火力渗透情况较复杂,需要一定的百科知识才能知道究竟是什么渗透。烧煤是空气中的氧气渗透到煤焦内部进行燃烧,燃烧充分就是烧透了。烧砖是木炭鼓入氧气燃烧,如果铁全部转化为三氧化二铁就是烧透了。流体渗透和物体贯通也具有相似性。物体贯通以后,客体的两面贯通之处都为工具或空洞;流体渗透以后,客体的两面都为流体或燃烧品;二者是相似的。因此从物体贯通到流体渗透,语义泛化的动因仍然是隐喻。这二者的相似还可以通过一个实例说明。在纸上扎一个洞,是"把纸扎透了",在纸上滴一滴墨水,会"把纸洇透",前者是物体贯通,后者是流体渗透,但二者的意象是非常相似的。

"透"可以表示达到完全。

前面几种情况,"透"都是结果补语,但"透"的典型程度不同,"透"表示物体贯通最典型,其他都是语义泛化的结果。

"透"的语义一旦虚化,就成为程度补语了。"透"作为程度补语,首先虚化为表示达到完全。例如:

(13) 柿子熟透了,红透了,也软透了。(柿子完全熟了,

完全红了,完全软了)

(14) 天已经黑透了。(天已经完全黑了)

物体贯通意味着工具或空洞从物体的一面达到另一面,是"全部如此";达到完全也是"全部如此"。二者具有相似性,因此是隐喻导致"透"发展出达到完全的意义。

"透"还可以表示达到极端。例如:

(15) 百姓恨透了夏桀。(百姓恨夏桀恨到了极点)

(16) 他讨厌透了这个地方。(他讨厌这个地方讨厌到了极点)

(17) 这样的日子仍在继续,真是没意思透了。(这样的日子没意思到了极点)

(18) 最让人无法忍受的是那俗透了的茶几。(那茶几俗到了极点)

"透"的达到极端的语义是从达到完全的语义虚化来的。达到完全意味着过程结束、没有例外,达到极端也意味着过程结束、没有例外,二者的相似导致"透"发展出达到极端的意义。

五 "饭店不允许"

《解放日报》2013年7月20日有一篇文章《上海食安办强调饭店不允许自制和销售醉虾醉蟹》，文章写道：

（1）他表示，饭店不允许在厨房现制现售醉虾醉蟹，但可以销售有包装的、来源于有许可证生产商的成品醉虾醉蟹，并提供得出完整的票据。

针对"饭店不允许自制和销售醉虾醉蟹"这一说法，屠岸先生在《咬文嚼字》2013年第9期发表了一篇文章《是"饭店不允许"吗》，认为"饭店不允许自制和销售醉虾醉蟹"语序上有毛病，应该写成"不允许饭店自制和销售醉虾醉蟹"。

其实，原句并没有错，修改后的句子反而显得生硬，不自然。

首先，"饭店不允许"类句子在汉语中是常见的。例如：

（2）这里没有电话或者电视，而16岁以下的人群不允许进入岛内。（人民网2013年9月30日）

（3）这样的生活不知道什么时候才能结束。提起调动，张老师总是一筹莫展。（人民政协网2013年9月23日）

（4）两家吵嚷一番，第三方和和稀泥，事情估计也就过去了。（中国新闻网2013年8月15日）

语法学家对这类句子作过深入的研究。像"不允许""不知道""估计"这样的词语被称为"提升动词"，"饭店不允许"类句子被称为"提升结构"。这种结构在人类语言中是比较普遍地存在着的，比如英语"The car seems to wander down the road"也是类似情形，这些都不是语言错误。

其次，"饭店不允许"类句子并不会造成误会。如果"不允许"后面既有主体,又有行为,就是"饭店不允许某主体做某事",比如"饭店不允许客人自带酒水"。如果"不允许"后面没有主体,只有行为,就是"不允许饭店做某事",比如"饭店不允许自制和销售醉虾醉蟹"。

"饭店不允许自制和销售醉虾醉蟹",意思本来是很清楚的,没有必要变成"不允许饭店自制和销售醉虾醉蟹"。强行改变,反而使人感到口气强硬、态度蛮横。这是令人难以接受的。

六 "中国朋友"和"中国的朋友"

先看几个例子:

(1) 危难时刻见真情,感谢我们的中国朋友,在关键时刻送来如此珍贵的礼物。(《人民日报(海外版)》2020年6月2日)

(2) 这次疫情让我发现,我们与中国的朋友虽然远隔重洋,但始终心连心。(《人民日报(海外版)》2020年5月11日)

(3) 穆罕默德表示,阿联酋是中国的朋友和全面战略伙伴,坚定支持中方抗疫并愿继续向中方提供帮助。(《人民日报》2020年2月26日)

例(1)"中国朋友"表示"朋友是中国人",例(2)"中国的朋友"也表示"朋友是中国人",例(3)"中国的朋友"表示"朋友不是中国人"。也就是说,"中国朋友"一定是中国人,"中国的朋友"可能是中国人,也可能不是中国人。这涉及定语和中心语之间用"的"和不用"的"的问题。

在现代汉语中,定语和中心语之间加不加"的"是个复杂问题。

第一种情况,定语和中心语之间必须加"的"。例如:

(4) 想起当时对他的态度,我心里很过意不去。(《光明日报》2018年10月16日)

(5) 对此,周深解释道:"我是一个特别讨厌在镜头面前哭的人。但那天就崩溃了。"(《信息时报》2018年12月16日)

例(4)是介词短语作定语,定语和中心语之间必须加的";例(5)是动词性短语作定语,定语和中心语之间也必须加"的"。

第二种情况,定语和中心语之间一定不加"的"。例如:

(6) 这个人告诉姚远,李柏寿有个特点,就是爱告状。(《人民日报》2020年5月25日)

(7) 而当我们带着孩子跑遍整个城市的各个书店,终于在即将绝望的时候买到孩子心仪已久的那本书,这份惊喜却会让孩子多年都不会忘记。(《北京青年报》2020年1月21日)

例(6)"这个人"不能说成"这个的人",例(7)"那本书"不能说成"那本的书",指量短语作定语,定语和中心语之间不能加"的"。

第三种情况,定语和中心语之间既可以加"的",也可以不加"的"。这又可以分为三个小类。

A. 加"的"和不加"的",句法结构不同。例如:

(8) 现在是"信息找人"的全媒体时代,"能写文章会照相,拍段视频放网上",是大多数人都能做的事。(《中国新闻出版广电报》2020年5月19日)

(9) 他讲的话群众喜欢听、听得懂、听得进,写的文章群众喜欢看、看得懂、看得进。(《光明日报》2019年12月10日)

(10) 小张师傅二十出头,今年还是头回养螃蟹。(《科技日报》2013年11月4日)

(11) 事发前几个月,小张的师傅老张跳槽了,他被苏北另一家种植杏鲍菇的公司以15万的年薪挖走。(《扬子晚报》2013年2月1日)

例(8)"写文章"是动宾结构,例(9)"写的文章"是定中结构:句法结构不同。例(10)"小张师傅"是同位结构,"小张"就是"师傅";例(11)"小张的师傅"是定中结构,"小张"不是"师傅":句法结构也不同。

B. 加"的"和不加"的",意义完全不同。像例(1)—(3),"中国朋友"一定是中国人,"中国的朋友"可能是外国人,意义不同。再如:

(12) 挑土5万立方米,挖塘50亩,第一年下来,社员每人分到5斤鱼,鱼塘为村里挣回8000多元,社员们温饱问题基本解决。(《人民日报》2013年4月12日)

(13) "一家一家口味不一样,用盐量要试出来的。"何师傅说,目前他试出来咸淡最适宜的是5斤的鱼,一般放上3—4两盐。(《钱江晚报》2015年1月13日)

例(12)"5斤鱼"条数不确定,可能有几条,也可能不到1条;例(13)"5斤的鱼"是一条,用于烹饪。

C. 加"的"和不加"的"意义比较接近。

(14) 聂崇正认为康熙和乾隆这祖孙二人虽然对西方文化都很有兴趣,但康熙偏重自然科学,乾隆偏重享乐,喜欢洛可可风格。(《北京青年报》2020年5月13日)

(15) 从引入"西学"开始,我们就在学习西方的文化;现在看来,学得还不够,还处在文化交流的"格义"阶段,还要认真学习和借鉴。(《发展导报》2018年7月12日)

(16) 屋里陈设一如十几年前,最亮眼的是小客厅靠墙的一张木头桌子,上面摆着一些奖杯奖状,被爱惜地套上了塑料袋。(《北京日报》2019年8月7日)

(17) 木头的桌子采用了一体设计,没有尖角的桌面让人放松下来。(《新京报》2014年10月30日)

例(14)"西方文化"和例(15)"西方的文化"意义比较接

近,甚至给人的感觉是二者几无差异;例(16)"木头桌子"和例(17)"木头的桌子"也是如此。一般说来,不带"的"的定中结构是个整体概念,可以看作一个复合词;带"的"的定中结构使整体概念意义被疏远了,只能看作短语。比如说,中学历史课程"中国历史"是"中国的历史","《河北日报》"是"河北的日报",但"中国历史"是一门课程,"《河北日报》"是一家报纸,都是专名,是整体概念。

七　否定句

否定句是相对于肯定句而言的,肯定句是对事实做肯定判断的句子,否定句是对事实做否定判断的句子。一般地,肯定句不需要特别的标记,而否定句需要标记。现代汉语否定句常常用"不、没有、别"作为标记,"不"用于对将来的否定,"没有"用于对过去的否定,"别"用于祈使否定。例如:

(1) 我昨天没有去散步。

(2) 我明天不去散步。

(3) 你明天别去散步。

如果例(1)和例(2)的否定标记反过来,就不能接受,"我昨天不去散步"和"我明天没有去散步"都不可接受。

肯定句语义信息是自足的,否定句语义信息不自足,例如:

(4) 这块布是白色的。

(5) 这块布不是黑色的。

例(4)我们可以获得自足的信息,例(5)虽然客观上有可能和例(4)一致,但听话人在理解时并不能获得自足的信息。用否定句表达意义,如果听话人事先不知道情况,就会追问其肯定意义的信息:

(6) 这块布不是黑色,那么究竟是什么颜色?

因此,当我们在向他人传递一个新信息的时候,往往只能用肯定句,不能用否定句,例如:

(7) 问:今天学校发生了什么事情?

答:我们举行了毕业典礼。

(8) 问:今天学校发生了什么事情?
答:我们没有举行毕业典礼。

例(8)的回答除非是在交际双方同时知情的情况下,才是可以接受的。比如,交际双方都知道5月30日要举行毕业典礼,但后来因故没有举行,在这种情况下,例(8)的回答才可以接受。

那么,既然否定句语义是不自足的,语言中为什么会存在否定句? 或者说,否定句到底起什么作用?

首先,否定句是用来否定听话人已知信息的。如果听话人知道一个事实,但这个事实在说话人看来是错误的、不真实的,说话人就可以用否定句对这个事实作出否定判断。例如:

(9) 南京不是浙江省省会。

(10) 人不会长生不老。

例(9)用于这样的情形:听话人以为南京是浙江省省会,说话人对听话人所说的事实作出否定判断,并进而说明真相。例(10)用于这样的情形:有人以为人会长生不老,说话人告诉听话人这是不正确的,说话人用否定句说明真实情况。

其次,否定句语气较弱,是一种委婉表达的方式。同样的内容,如果既可以用肯定句表达,又可以用否定句表达,那么二者表达的语气是有所不同的。例如:

(11) 你这么做是错的。

(12) 你这么做是不对的。

(13) 这个人真蛮横。

(14) 这个人真不讲理。

例(11)和例(12)意义相同,例(13)和例(14)意义相同。

很显然,例(12)(14)语气要弱一些,表达要委婉一些。所以在交际中,尤其在批评和指正的场合中,为了取得委婉、礼貌的表达效果,一般还是用否定句为宜。

跟肯定句和否定句相关的,是双重否定句。从意义的角度看,双重否定句等于肯定句;但从语气的角度看,双重否定句比肯定句语气要强。例如:

(15) 他会去的。

(16) 他不会不去的。

所以,如果按照语气的强弱来排序应该是:双重否定句＞肯定句＞否定句。有人说,有时双重否定句的语气要委婉一些。例如:

(17) 他不会不去的。

(18) 他不会不去吧?

我们认为,这里主要是语气词"的"和"吧"起了作用。所以应该这么说,有时双重否定句带上语气词以后,语气会显得委婉一些。

否定的数量达三个或三个以上,或者双重否定句和反问句配合的时候,常常会造成表达上的失误。例如:

(19) 只要稍有良知的人,谁也不会否认,那些伟大的改革者不是时代的先锋。

(20) 他考上了北京大学,谁还能否认他不是一个成绩优秀的学生呢?

例(19)和例(20)都有表达的错误,这可以通过把双重否定句还原为肯定句来辨认。例(19)可以还原为"只要稍有良知的人,谁都承认,那些伟大的改革者不是时代的先锋",这显然是不合理的;例(20)可以还原为"他考上了北京大学,谁也承认他不是一个成绩优秀的学生",这当然也是不合理的。

上面两例应该修改为:

(21) 只要稍有良知的人,谁也不会否认,那些伟大的改革者是时代的先锋。

(22) 他考上了北京大学,谁还能否认他是一个成绩优秀的学生呢?

八　被动句

说被动句之前，首先需要引进两个概念：施事和受事。看下面例子：

（1）武松打死了老虎。

例(1)"武松"是"打"这个动作行为的发出者，是施事；"老虎"是"打"这个动作行为所及对象，是动作行为的承受者，是受事。例(1)施事在主语位置上，受事在宾语位置上。再看下面例子：

（2）老虎被武松打死了。

例(2)"武松"和"老虎"的句位位置和例(1)不同。"老虎"在主语位置上，"武松"在介词宾语位置上，但施事和受事关系不变，"武松"还是施事，"老虎"还是受事。施事和受事是语义关系概念，主语和宾语是句法位置概念。句法位置改变，语义关系可以不变，因此，施事和受事相同的情况下，句法形式可以是不同的。

例(1)是施事充当主语的句子，是主动句；例(2)是受事充当主语的句子，是被动句。换句话说，主动句就是施事主语句，被动句就是受事主语句。

在现代汉语中，被动句有两种。一种是无标被动句，即没有被动标记的被动句；一种是有标被动句，即有被动标记的被动句，被动标记包括"被、让、叫、给"。

无标被动句虽然没有标记，但可以根据意义作出正确解读。例如：

（3）桌子搬走了。

（4）宫保鸡丁吃得一点儿也没剩。

（5）电脑先打开。

（6）零件已经配齐。

例(3)—(6)动词都是人的动作行为,但句子中没有出现施事,只出现受事,受事都在主语位置上,因此可以判定这些句子都是无标被动句。

有标被动句,施事可以出现在被动标记后面,被动标记是介词,介引施事成分。例如:

（7）桌子被我们搬走了。

（8）宫保鸡丁让孩子吃得一点儿也没剩。

（9）电脑先叫学生打开。

（10）零件已经给工人们配齐。

例(7)—(10)句中既有施事,也有受事,施事在介词"被、让、叫、给"的宾语位置,受事在主语位置。这些都是有标被动句。

"被"字句是最典型的有标被动句,比如例(7)。其他有标被动句,有的具有方言色彩,有的具有口语色彩,都不如"被"字句应用广泛。"被"字句有一些条件限制,比如,"被"的宾语是确定的对象,"被"字句的动词具有行为性且形式复杂,情态动词要放在"被"的前面,等等。

"被"后面如果不出现施事,句子的性质就有所不同。例如:

（11）桌子被搬走了。

（12）宫保鸡丁被吃得一点儿也没剩。

（13）电脑被打开了。

（14）零件已经被配齐。

例(11)—(14)"被"后面没有宾语,"被"不是介词,而是助词,因此都不是"被"字句,但仍然是有标被动句。

被动句有两个作用:一是突出受事,二是使上下文连贯。例(3)—(14)都是受事充当主语,受事被突出,放在主语位置,成为全句话题。相反,施事被抑制,有时出现,有时不出现。施事出现的时候,是在介词宾语的位置上,这个句法位置在全句中并不是很重要的。施事常常不出现,像例(3)—(6)和例(11)—(14)。施事不出现的被动句叫短被动句,施事出现的被动句叫长被动句,在人类语言中,短被动句更加多见,有的语言甚至只有短被动句,没有长被动句。

被动句的第二个作用是使上下文连贯。能否做到上下文连贯,一定程度上反映了写作者的文字运用水平。连贯的方法,一般地,如果是并列关系,结构求一致。例如:

(15) 台上坐着主席团,观众坐在台下。

(16) 台上坐着主席团,台下坐着观众。

显然例(15)不够连贯;而例(16)的表达是得当的,因为前后两个并列分句结构是一致的。

如果是承接关系,话题求一致。话题一般表现为句法的主语。例如:

(17) 小王这阵子不在家,李经理派他到深圳去了,过几天才能回来。

(18) 小王这阵子不在家,他被李经理派到深圳去了,过几天才能回来。

这里例(17)的表达不够连贯;例(18)因为使用了被动句,前后分句的话题就一致了,所以上下文就显得很连贯。再如:

(19) 蝗虫铺天盖地,吞噬尽大片的绿色生命。在非洲的某些地方经常会看到这种怪怕人的情景。

(20) 蝗虫铺天盖地,吞噬尽大片的绿色生命。在非洲的某些地方,这种怪怕人的情景会经常看到。

很显然,例(19)连接得不好,衔接失当;例(20)连接得好,衔接得当。例(20)衔接得当的原因是,由于运用了被动句,整个语篇始终保持了话题的一致性。

九 "通过……使……"

"通过……使……"常常被判定为病句,例如:

(1) 通过老师的教育,使我提高了认识。

(2) 通过学习,使我的思想得到了很大的提升。

类似情况还有"由于……使……",也常常被判定为病句,例如:

(3) 由于大家的共同努力,使我们出色地完成了任务。

(4) 由于昨天下雨,使道路变得泥泞不堪。

例(1)—(4)在许多语法书中都被处理为病句,其错误原因是"主语残缺"或者"缺少必要主语"。但问题在于,汉语的句子并不一定都需要主语出现,前面是介词短语,后面是动词短语,这样的句子比比皆是,例如:

(5) 在很久很久以前,有一个阿拉伯的故事。

(6) 在对面的豆腐店里,确乎终日坐着一个杨二嫂。

(7) 从不远处的房子里,走出来一个戴墨镜的人。

(8) 沿着河塘,是一条曲折的小煤屑路。

从结构上看,例(5)—(8)与例(1)—(4)是完全一样的,都是"介词短语+动词短语",但例(5)—(8)似乎从来没有人认为是病句,是不规范的。

另一方面,"必要主语"的说法是非常模糊的。什么主语是必要的,什么主语不是必要的,都不是非常明确的。为什么例(1)—(4)缺乏必要主语,例(5)—(8)不缺乏必要主语? 没有道理可讲。

我们可以试着把例(1)—(4)改为主谓句形式:

(1′) 老师的教育使我提高了认识。

(2′) 学习使我的思想得到了很大的提升。

(3′) 大家的共同努力使我们出色地完成了任务。

(4′) 昨天下雨使道路变得泥泞不堪。

(1″) 通过老师的教育,我提高了认识。

(2″) 通过学习,我的思想得到了很大的提升。

(3″) 由于大家的共同努力,我们出色地完成了任务。

(4″) 由于昨天下雨,道路变得泥泞不堪。

例(1′)—(4′)没有介词"通过"和"由于",句子是主谓句,虽然可以接受,但方式和原因没有得到突出;例(1″)—(4″)没有动词"使",句子是主谓句,也可以接受,而且接受度更高,但致使意义没有得到突出。也就是说,改为主谓句句法上是可以接受的,但意义和原句不同,方式、原因或致使意义都得不到突出。因此,例(1)—(4)实际上是有其语用价值的句子,其目的在于突出方式、原因和致使意义。没有介词,方式和原因就无法突出;没有动词"使",致使意义就无法突出。

在具体运用中,"通过……使……"和"由于……使"都是大量存在的。我们举一些CCL语料库中的用例,这些用例是我的一名研究生检索并用在她毕业论文中的:

(9) 通过实在具体的平凡工作,使广大青年了解社会,审视自己,陶冶情操,提高素质。

(10) 为达此目的,本届内阁将把今年作为"结构改革元年"。通过改革,使日本的政治、经济、行政、社会等方面建立起能适应21世纪的新机制。

(11) 组织银行业自律性组织——银行业协会。通过协会,使银行业间建立自我约束、相互监督、携手共进的机制,规范银行的业务活动,保护银行的合法权益,促进银行业的健康发展。

（12）通过科技进步法,使我国的基础性研究实现依法而治。那将是基础性研究的一个新曙光,也是我们这一代老科研人员的期望所在。

（13）过度保护的父母又培养了子女自我中心的个性,由于父母过分的担心,使他们把过多的精力集中到子女身上,……孩子的需要,父母会不遗余力去满足。

（14）黄梅戏来自民间,通俗易懂。它在内容上与劳动人民的生活理想、审美情趣紧相依傍。在形式上具有吴楚文化、通俗文化和青春文化的基质。它淳朴而美丽,柔美而热情。它没有严格固定的程式,传统的因袭比较少。由于这些特点,使黄梅戏具有了自身发展的条件和优势。

（15）一个高分子中含有成千上万个单键,由于单键的内旋转,使分子的形状有无数种可能性,且每一瞬间都有不同。

（16）由于国内铝土矿质量较差,使我国氧化铝生产成本明显高于国外,其综合能耗几乎高出一倍。

其实,有些语法学家早就看出了问题的所在,他们指出,"通过……使……"和"由于……使……"有特殊的表达价值,并非不规范,其存在是合理的。早在20世纪70年代,高更生先生和邢福义先生就先后为这两种"使"字句进行平反。高更生先生认为,这两种"使"字句在典范的现代白话文中大量存在,而且它们有特殊的表达作用,因此都是正确的句子;邢福义先生认为,这两种"使"字句并不存在主语残缺的问题,实际上有意会主语的存在,因此这样的句子都是规范的、合法的。

十 两个"世界"

在《现代汉语词典》中,我们所居住的"世界"被解释为"地球上所有地方",如"世界各地""周游世界",显然"世界"既包括亚洲,也包括中国。但在下列例句中,"世界"并不包括亚洲或中国:

(1) 李挺则表示要多向外籍教练学习,目标首先是明年的亚运会,先冲出亚洲才能走向世界。(《广州日报》2017年9月29日)

(2) 人类社会是一个相互依存的共同体,中国必须积极拥抱世界才能得到长远发展。(《光明日报》2018年1月24日)

例(1)"世界"不包括亚洲,例(2)"世界"不包括中国,这似乎与词典释义不符。

类似的情况并不鲜见。中学历史、地理教材各有两种:《中国历史》和《世界历史》,《中国地理》和《世界地理》。《世界历史》并不讲中国的历史,《世界地理》也不讲中国的地理,因此这里的"世界"也都不包括中国。

实际上,在语言中,存在着两个不同的"世界"。一是词典意义的"世界",就像《现代汉语词典》释义那样;一是语境意义的"世界",就像例(1)(2)那样。词典意义是语言系统的意义,具有一般性和全民性;语境意义是言语表达的意义,具有特殊性和个别性。词典意义和语境意义有时是相同的,有时具有一定的差异,但它们必须是有联系的。词典意义是全民共同交际的基础,有了这样的基础,交际才成为可能,如果每个人头脑中的"世界"意义都不相同,交际就无法实现。语境意义是词典意义的具体化,即使和词典意义不同,交际双方也仍然可以根据背景或上下文得到正确理解,因为语境具有确定作用。当然,如果语境意义不能和词典意义建立起联系,交际也不能正常实现。

区分词典意义和语境意义,可以对许多语言现象作出合理解释。例如:

(3) 大家听了,都赞扬太子贤明,只有王叔文在一边一言不发。(林汉达、曹余章《上下五千年》)

(4) 李寻欢打断了他的话,道:"无论什么时候我都奉陪,只有今天不行。"(古龙《多情剑客无情剑》)

(5) 两条大鱼接连收入囊中,众人不由得对杜海涛"顶礼膜拜"。海涛笑称:"我什么都不会,只会钓大鱼!"(《国际在线综合》2017年9月23日)

(6) "我们谁也不怕,唐山三友化纤是我们惟一对手。"奥地利兰精公司南京工厂负责人如此坦言。(《人民日报》2012年10月23日)

例(3)—(6)前后分句似乎都有矛盾。例(3)前面说大家都赞扬太子贤明,后面说王叔文一言不发;例(4)前面说无论什么时候都奉陪,后面说今天不行;例(5)前面说什么都不会,后面说会钓大鱼;例(6)前面说谁也不怕,后面隐含的意思是怕唐山三友化纤。其实这也可以用词典意义和语境意义解释。例(3)"大家"词典意义指一定范围内所有的人,语境意义则把王叔文排除在外;例(4)"什么时候"词典意义指所有时间,语境意义则排除今天;例(5)"什么"词典意义指任何事情,语境意义则排除钓大鱼;例(6)"谁"词典意义指任何人或单位,语境意义则排除唐山三友化纤。当然"什么时候"并不是一个词,不能进入词典,但仍然有类似词典意义那样的意义,即语言系统的意义。

在语言运用中,有许多用例看上去是不合理的,甚至给人的感觉是错误的。当我们在处理这些用例的时候,如果只注重表面的情形,往往会简单粗暴地把这些用例看成是不合理的甚至是错误的,或者认为是语言习惯导致的;如果对语言问题进行深究,从不同角度或不同方面对语言现象作出分析,就能够从更高的层次上认清现象背后的本质,从而更好地运用语言。

第四讲　表达

一　"身轻一鸟过"

欧阳修在《六一诗话》中写道：

陈公时偶得杜集旧本，文多脱误，至送蔡都尉诗云："身轻一鸟"，其下脱一字。陈公因与数客各用一字补之，或云"疾"，或云"落"，或云"起"，或云"下"，莫能定。其后得一善本，乃是"身轻一鸟过"。陈公叹服，以为虽一字，诸君亦不能到也。

"身轻一鸟"后面可以选择"疾、落、起、下、过"等，只有"过"是最佳选择，因为"过"既能表达蔡希鲁都尉动作行为的全程性特征，又能反映他轻捷的特征，而其他词语都不能同时表现这样的特征。这涉及同义手段选择的问题。

俗话说：一样话，百样说。用语言学的术语表达就是：同样的意义或内容，有许许多多种表达方式。这许许多多种表达方式，就形成了修辞中的同义形式。同义形式有两种情形：语言的同义形式和言语的同义形式。语言的同义形式是不依赖语境的，如果把一种语言中某个意思的同义形式列举出来，懂得这种语言的人一看便知道它们是同义的。例如在汉语词语平面，表示最近直系亲属长一辈男子的同义形式有"父亲、爸爸、老子、老爸、爹"等。如果包括古代汉语和现代汉语书面语的话，有的同义形式是非常丰富的，例如"月亮"这一意义的同义形式有"金蟾、金波、金兔、金镜、金盘、银钩、银台、玉钩、玉蟾、玉轮、玉弓、玉兔、玉桂、玉盘、玉羊、宝镜、悬弓、悬钩、婵娟、素娥、广寒、清光、斜轮、圆兔、秦镜、垂钩、团扇、娥、蟾宫"等。当然这些同义形式只有懂得这种语言的人中那些文化水平高的人才能知道。

不仅词语平面存在着同义形式,句子平面也同样存在着。下面这些句子都是同义形式:

我用这把刀切碎了菜。

我是用这把刀把菜切碎的。

菜被我用这把刀切碎了。

用这把刀我把菜切碎了。

这把刀被我用来切碎了菜。

言语的同义形式需要依赖语境才能实现。有些词语或句子在语言中不是同义形式,但它们在言语中却构成了同义形式。例如:

这牛波的父亲名叫牛广,爱闹玩的人给他谐成了"牛黄"。又因他是个"屯大爷",在队上横踢马槽,谁也治不了,就又给他谐成了"牛王",或称"牛魔王"。又因他特别能吃,曾与人打赌,一次吃进去五斤黏糕,又一次吃进去二十块豆腐,远近闻名,因此又管他叫"牛肚子"。此外还有"牛癞子""牛拐子""牛歪嘴子""牛鼻子""牛疤拉眼子""牛哈拉皮""牛革命"……等等,不胜其烦。如果详尽考证起来,至少会有两打,但最通用的还是"牛黄"。不过他最得意的还是"牛革命",因为这雅号和他自吹瞎编的"光荣历史"吻合。(戴昭铭《大漠孤烟》)

这里的"牛黄""屯大爷""牛王""牛魔王""牛肚子""牛癞子""牛拐子""牛歪嘴子""牛鼻子""牛疤拉眼子""牛哈拉皮""牛革命"在语言中基本上都不是同义的形式,但在这特定的言语中,它们都是同义的,都是用来指称牛广的。

语言的同义形式和言语的同义形式为修辞提供了条件。语言和言语中正是有这些丰富的同义形式,才为修辞提供了选择的余地。修辞就是要根据特定的语言环境,在多种多样的同义形式中选择一个最合适的形式,以取得最佳的表达效果。例如:

这期间,除了在我的餐馆里买了三个多月的菜,来泰(人的名字)一直钉在车站里,包括过年,他都没有回家。应该说,他干得挺踏实,能吃苦,很下力。当然,收入大概也是不错的。(荆永鸣《北京候鸟》)

这里用"钉"的地方,有许多同义形式可供选择,如"待""泡""猫""站"等,但这些形式都不如"钉"用得好。因为"钉"除了仍然能够表达出来泰在车站的意思以外,还有一定的力度性,表现了来泰力图依附车站而希望增加收入的心理。另一方面,其他的同义形式不是缺乏表现力——如"待""站",就是使用不合理——来泰不是去享受,当然不能用"泡",来泰也不是在躲难,当然不能用"猫"。

同义形式的语言材料选择需要一定的技巧和艺术。同样的思想感情,不同的人选择不同的语言材料,效果可能会大不相同。例如:

有一次,心脏外科发生了手术意外,病人死在了手术台上。医生认为这是一种正常死亡,但死者的家属认为与医生的不负责任有关,并拒绝将死者的尸体移出手术室。

手术室主任非常恼火,他郑重告诫家属:"必须将死尸移出手术室,不然会引起手术室的污染,危及他人的生命。"话说得很有道理,但无法说服家属,家属喊来了很多人,并且威胁:谁敢动尸体就要谁的命。

医务处长立即赶来与死者的家属谈判。处长对于医疗和法律上的政策了如指掌,他向家属保证医院不会回避任何责任,但一切必须按照合法的程序进行。但家属担心一旦失去了尸体的威胁医院可能会不买账,所以严词拒绝。最后医务处长只好说:"按照相关的法规规定,尸体在医院停放的时间不得超过一定的时间,如果超过时间,我们将请求公安机关强制执行。"

第二天,谈判仍无进展,医务处长决定报警,在报警前他向院长汇报了相关情况。通常这种情况下院长是不介入谈判的,但是这一次,当他听取了医务处长和手术室主任的详细汇报后竟决定直接与死者家属对话。

会议室里院长与家属直接谈判,听完对方的讲述后,院长诚恳地告诉家属:"医院是国家开的,有责任我们也跑不了,但是对于死者的遗体,我们应该予以尊重,越是有争议就越是要妥善保护好遗体,这样才有利于做后续的鉴定工作。"院长说了一大堆的话,话的内容可以说与医务处长说的都是大同小异,但奇怪的是,家属竟然同意将尸体移走,一场毫无希望的僵局就这样莫名其妙地解决了。(云弓《无法隐瞒的态度》)

这是一个极好的同义手段选择的案例。在院长看来,主任让对方移走死尸,"死尸"是句俗语,用法不规范,而且毫无同情心;处长要对方移走尸体,"尸体"是个中性词,虽然也可以说,但缺乏情感。院长用的是"遗体","遗体"也是个中性词,但比较庄重,体现了对死者的关怀和尊敬,因此比较容易被家属接受。《无法隐瞒的态度》一文在最后说道:

"死尸、尸体、遗体",仅仅是个别字的差别,可是它体现了说话人的态度。我们所说的每一句话,其背后都有一个真实的自己,无法隐瞒。

二　音节的配置

在表达中,音节的配置是语音修辞的重要内容之一。在并列词语排列方面,音节的选择是必不可少的。它主要表现在两个方面。

第一,尽量使音节整齐划一。如果是单音节的,那么并列的几项最好都是单音节的;双音节和多音节亦然。比如可以说"工、农、兵、学、商",也可以说"工人、农民、士兵、学生、商人",但不能说"工、农、士兵、学、商人",因为这样的排列是混乱的。这里举几个书面的例子:

(1) 纵观我国园林,其最大特点是,"虽由人作,宛自天开",它取法自然山水,灵活运用山、水、石、树、花和亭、台、楼、阁、榭等中国园林的组成要素,构成极富诗情画意的人工景观。

(2) 园林中的题名、匾额、字画、楹联等都具有点景、抒情、寓意等作用,游览时不可一扫而过。

(3) 于是,我去筑公路、架大桥、修水库、挖矿槽、炸山石、打零工;我还去拜师学裁缝,挑着缝纫机走村串户挣钱糊口,割"资本主义尾巴"风声一紧,还曾被捉拿归案,扔进当地私设的大牢里喂蚊子。

(4) 私家园林除有亭台楼阁、曲径回廊、古树奇花、湖石假山、彩画雕刻外,还有园主人的某种寓意。

以上四例分别是一个、二个、三个、四个音节的并列使用,整齐而和谐,很好地表达了作者的意图。

第二,如果并列的几项音节不够整齐,应该把音节最少的排在最前面,然后逐次增加,音节最多的排在最后。这符

合比较普遍的"重成分后置"原则,如果前面各项音节多,后面各项音节少,就会造成头重脚轻,影响表达。例如:

(5) 饭后,照例和休养员伙伴沿着海岸散步,照例看天,云,海,浪花,渔船。(王蒙《海的梦》)

(6) 然而,激情在哪里?青春在哪里?跃跃欲试的劲头在哪里?欢乐和悲痛的眼泪的热度在哪里?(王蒙《海的梦》)

当然,音节选择应该建立在意义合理的基础上,并列各项的排列尽量不要以文害意,如果意义符合客观真实世界的顺序或心理顺序,就应该考虑意义原则。例如:

(7) 寿衣,少则五套,多则七套:衬衣,衫子,又衫子,再衫子,又再衫子,袍子,褂子。(贾平凹《妊娠》)

(8) 我希望政府部门、企业界和经济学界中有越来越多的人关心市场经济与人口的研究,以推动这方面研究工作的开展。(厉以宁《人口分析是市场分析的重要依据》)

这两例都不是严格按照音节的顺序排列的,但它们的排列符合意义上的要求:例(7)是按照寿衣由里到外的顺序排列,例(8)是按照重要程度的次序排列。

有的并列项排列既不符合音节的顺序要求,也不符合意义的顺序要求,但这种排列反映了人物的心理特征,这样的排列也不能算是不得当。例如:

(9) 星星,太阳,彩云,自由的风,龙王,美人鱼,白鲸,碧波仙子,全在那里呢,全在那里呢!(王蒙《海的梦》)

这是人物的心理意识的反映,当然不能说是排列不当。

如果并列各项在排列时不符合音节和意义的顺序要求,又不能在心理层面得到合理的解释,这样的情况就是不得当的,会损害表达效果。例如:

（10）现在呢，山珍虽然无有，海味却是管饱。鱼、螃蟹、虾、海蜇、海带直到海白菜……（王蒙《海的梦》）

这里的并列项排列就稍微有点乱，应该改为"鱼、虾、螃蟹、海蜇、海带直到海白菜"。

还有个问题，为什么例（9）可以认为是说话人心理特征的反映，而例（10）不是？这当然和文本特征有关。例（9）是抒情性文本，可以出现心理意识的超常，并出现语言文字的突破；例（10）是说明性文本，应该侧重物理世界的表达，抑制心理意识的超常，因此语言文字应该是相对中规中矩的。

不仅并列项的排列应该注意音节，非并列项的组合也应该考虑音节的要求。一般地，单音节应该跟单音节组合，双音节应该跟双音节组合。例如可以说"读书""阅读书报"，一般不说"阅读书""读书报"。这并不是语法和语义上不合理，而恰恰是音节的要求。当然这样的要求并不都是绝对的。不论是并列项还是非并列项，在音节调配时都应该注重艺术性。如果单双音节都出现，应该先把单音节字组织起来，再跟双音节字去搭配，如"桌""椅""板凳"，可以先把"桌""椅"排列起来，再跟"板凳"搭配，这样就可以说"桌椅板凳""板凳桌椅"。

三 音节附义

有一则笑话,说中国学生在学习外语时,喜欢用汉字为外语单词作标注。有四个学生,他们在学习 English 这个单词时,分别标注为"阴沟里洗""应给利息""因果联系""硬改历史"。结果,标注为"阴沟里洗"的那个最后成为菜农,靠卖菜为生;标注为"应给利息"的那个最后成为银行职员;标注为"因果联系"的那个最后成为一名哲学家;而标注为"硬改历史"的那个最后成为一名政客。这当然是笑话。但在这笑话的背后还有个有趣的语言问题,即音节附义问题。

什么是音节附义呢？在英语中,English 只有两个音节,即 Eng 和 lish,而说汉语的人在学习这个单词的时候,会按照汉语的语音习惯把 English 看作四个音节,即 En、g、li、sh,这四个音节本来每个音节都是没有意义的,但说汉语的人会用汉字进行标注,在用汉字标注的时候,实际上为每个音节都赋予了意义,这就是音节附义现象。从学习语言的角度看,用汉字为外语单词作标注,如果用得太多太滥,就会影响学习效果。但从修辞的角度看,音节附义却是很好的修辞手段之一,人们常常用这种手段进行修辞,从而达到特殊的表达目的。

首先,音节附义具有临时性的交际功能。

在特定的时空,它起着不可替代的交际作用。据说在清朝末年,李鸿章办洋务,却不懂外语。他的应酬诀窍是,在会见某国使节前,先找翻译学几句该国语言,无非是"你好""再见"等寒暄之词。一次,他要出使沙俄,行前,当然要如法炮制一番。怎奈俄语实在难学,使他大伤脑筋。当时,一位聪明的通事(翻译)灵机一动,想了个办法。他把几句应酬的话编成有汉语意义的谐音文字,让李鸿章写在纸扇上。扇面上写的是这样几组译文:

请坐——杀鸡切细

谢谢——四包锡箔

冷——好冷得那

好——好老少

再见——达四维大理也

李鸿章用这个办法顺利地完成了出使沙俄的任务,这显然应该归功于那位聪明的通事,当然也归功于音节附义这种语言策略。

用音节附义来做临时性的应酬,对那些不懂外语又急需要交际的人无疑是个比较好的方法。香港城市大学教授、著名语言学家王士元先生在《语言的探索》中记录了这样一件事。王士元先生在美国居住期间曾经努力教他的祖母用英语说一些基本的问候语,希望她在纽约遇上邻居的问候能做一些回答,以增加她愉快的心情。结果王士元先生花了几个小时教她说一句"Good morning"仍毫无收效,最后只好以"狗戴帽子"的发音作罢。后来她在早晨回答邻居们问候时总说"狗戴帽子",同时伴以点头和微笑,邻居们对她的回答却一直是很高兴的。王士元先生的祖母用音节附义的方式完成了简单的交际,其效果比直接学习和使用英语要好得多。当然,这种方法仅限于学习外语困难的人,对于一般的人来说,显然还是使用正规的外语发音为好。

其次,音节附义还具有叙述性的艺术功能。

如果区分语言和言语,那么,音节附义不是一种语言现象,因为它不是经常性的,也编不进任何词典当中。它只能是一种言语现象,因此在分析它的性质和功能时,我们也只能从它言语功能的角度——语用的或修辞的角度去分析。音节附义的语用功能包括交际功能、叙述功能、抒情功能、游戏功能等。我们上面所说的笑话,显然是音节附义的游戏功能,因为那个笑话在现实生活中是不可能存在的。作为一个文本,它旨在逗笑解闷,实现语言的娱乐消费功能。

在文学作品中,作家们为了表现人物或追求特定的文学韵味,在涉及外语时有时也使用音节附义的方法。这时音节附义往往表现出其特殊的叙述功能。音节附义的叙述功能常常出现在小说中,是为了突出人物、表现人物的性格特征。例如:

(1) 于是老太太上气不接下气地用漏风的嘴又对我踢里咕噜一番,我益发不解,我出了一身大汗,我忽然想起来应该三克油,也许实际上说成了顾得白。"(王蒙《轮下》)

(2) 以国历新年说吧。过这个年得带洋味,因为它是洋钦天监给规定的。在这个新年,见面不应该说多多发财,而须说"害怕扭一耳"。(老舍《大发议论》)

(3) 他从桌上拿起一本小书,嗽了两声,又耸了耸肩,面对着墙郑重地念起来:"A boy, A peach",他又嗽了两声,跟着低声地沉吟:"一个'博爱',一个'屁吃'!"(老舍《赵子曰》)

以上三例作者旨在营造一种轻松活泼的气氛,来表现人物诙谐风趣的性格特征。

四 "我一把把把把住了"

20年前,我的同事高万云教授造了一个句子"我一把把把把住了",用来说明"把"的不同词性和用法。后来我把这个例子写进了一篇文章《趣味语料在现代汉语教学中的使用》(《淮北煤炭师范学院学报》2000年第3期)。近年来,网上忽然出现很多类似的句子:

(1) 我也想过过儿过过的生活。
(2) 我差点儿没上上上上海的车。
(3) 用毒毒毒蛇毒蛇会不会被毒毒死?
(4) 校服上除了校徽别别别的。

这些句子在网上流传很广,说明大家对其非常感兴趣。那么,应该怎样从语言学的角度分析这一现象呢?

首先,这些句子都是合乎语法的句子,符合汉语语法规则,没有语病。拿"我一把把把把住了"来说,这是典型的"把"字句。第一个"把"是动量词,"一把"是动量短语充当状语,修饰"把把把住了";第二个"把"是介词,是处置标记,带宾语后成为介词短语,充当状语;第三个"把"是名词,指称说话人所及的车把,是有定的成分,符合"把"字句的要求;第四个"把"是动词,表说话人的动作,在句中是谓语中心语,"把住了"是复杂形式,也符合"把"字句的要求。因此,从语法看,"我一把把把把住了"是完全符合语法规则的句子。

其次,这些句子都是语音上同音相加的句子,读起来拗口,听起来费解,因此在语音上是病句。因为这些句子说起来别扭拗口,所以在口语中一般都不会出现,尤其是现场交谈的时候。当然,如果有事先准备,就另当别论。形式语法学派有个说法,符合语法规则的句子,人们不一定说;不符合语法规则的句子,人们不一定不说。从上面的情况看,这个说法还是有道理的,这些句子尽管符合语法规则,但由于语音的制约,口语中一般不会出现。

再次,从生成看,这些句子都不是自然口语的产物,而是人们编造出来的。这些句子是造句者利用同音词和汉语语法规则生成的。在符合汉语语法规则的前提下,利用同音词的搭配,生成了上述句子。"我一把把把把住了"的造句者是高万云教授,但那时没有网络,因此无法像现在这样传播。其他句子造句者不详,由于现在网络传播力量非常强大,句子造出来之后,在其特异性、趣味性的推动下,最终得以在网络上流传,成为语言游戏的材料。

"日光之下,无新鲜事。"利用音同或音近的语言成分做成语言游戏的材料,是早已有之的。比如一条绕口令就是如此:"黑化肥发灰,灰化肥发黑。黑化肥发灰会挥发,灰化肥挥发会发黑,灰化肥发黑挥发会发灰。"再比如赵元任先生的那篇著名的同音文也是如此:"石室诗士施氏,嗜狮,誓食十狮。施氏时时适市视狮。十时,适十狮适市。是时,适施氏适市。施氏视是十狮,恃矢势,使是十狮逝世。氏拾是十狮尸,适石室。石室湿,氏使侍拭石室。石室拭,氏始试食是十狮尸。食时,始识是十狮尸,实十石狮尸。试释是事。"如果说有什么不同,那么,上述句子只是同音字的字形相同而已,其他也没有什么特殊的地方。

语音相加的句子都是语音病句,但语音病句有积极和消极之分。如果用作语言游戏,那么这种语音病句是积极的、有价值的,绕口令、同音文以及上述网络上流行的语句都是如此。如果在传递信息时出现语音相加的句子,影响了交流,就是消极的。赵元任先生《语言问题》的第一讲题目是《语言学跟跟语言学有关系的些问题》,这个题目有同音相加的"跟跟",因这个"跟跟",赵元任先生跟报馆交流的时候就出现了问题。《语言问题》的《原序》中这样记载:"这次演讲开始的时候,总题里头的'跟跟'两个字曾经引起了不少的兴趣跟疑问。当晚就有报馆打电话来问,题目里有没有错字?我说没有。等会儿又来电话问,要是没有错字,那么那两个'跟'字怎么讲?我说第一个是大'跟'字,是全题两部分的总连词;第二个是小'跟'字,是'跟语言学有关系'修饰语里头所需的介词。能不能省一个?我说不能,省了就念不通了。可是啊,夜里编辑部换了班儿了,他们拿稿一看:也?怎么两个'跟'字?又来了个电话,问是要两个'跟'字吗?我说要。"其实,这里的两个"跟"的同音相加是消极的,已经影响了交流。如果把第一个"跟"换成"以及",就没有问题了。

总而言之,对同音相加现象来说,在语言运用中,一方面要宽容和支持积极的同音相加,发挥语言的游戏功能;另一方面要极力避免消极的同音相加,使交际更加和谐顺畅。

五 词语的锤炼

词语的锤炼是修辞学中最重要的问题之一。有人把词语的选择、句子的配置和修辞格叫作修辞学中的"三驾马车"。词语包括词和短语两种语法单位。在语法学中,由于分析的需要,常常要把二者很好地区别开来;但在修辞学中,由于它们功能的一致性,常常将它们当作相同的单位处理。孤立地看,词语本身是无所谓好或坏的(当然词语本身是有美丑之分的,褒义词是美的,而贬义词是丑的,但这里说的好或坏是指表达效果而言的);只有在具体的语言环境中,词语在经过选择独立成句或者进入到句子以后,才能体现出它实际的价值。

从修辞的角度看,动词的锤炼是很重要的。动词锤炼的基本要求是准确,能够确切地反映出人或事物动作行为的基本特征。例如:

(1) 于世杰打深色领带,着白色西裤,米色皮鞋和白袜子,腋下夹一真皮公文包,皮带上拴着手机,身上有淡淡的法国圣罗兰牌木香型男士香水,手腕上是劳力士。(池莉《看麦娘》)

这里作者选择了"打""着""夹""拴""有""是"几个动词来表示人物的着装行为,既显得准确,又照应了后文"于世杰的穿着打扮是一副争当绅士的派头,其派头里流露出孩童般幼稚的虚荣和可爱"。

动词运用的较高要求是生动,能够形象地反映出动作行为之间的细微差异及人物的心理状态。例如,同样是眼睛的动作,在张洁的作品《只有一个太阳》中却选择了不同的动词来表现：

（2）他故做洒脱地笑了一下，又将眼珠斜抛过去，铆住了听课的学生，好像接不接电话全靠他们来决定。

（3）他的眼睛朝四周一轮，竟无一块纸片、抹布、手帕之类的东西供他揩手。

例(2)用"抛"和"铆"来表示眼睛动作，不仅使整个动作过程连贯具体，而且夸大了动作的力度。"抛"和"铆"都是手的动作，做这样的两个动作需要一定的力气。用这样两个词来描写眼睛，一方面，读者通过上下文仍然知道这是眼睛的动作；另一方面，它们又增加了眼睛动作本身所没有的内涵——"抛"的曲线性和"铆"的固定性。这就比单纯的眼睛动作词语"看、盯"等具有更加丰富的内容。例(3)用"轮"来表示眼睛动作，有使劲转动的意思。鲁迅在《祝福》中曾经用"轮"表示眼睛动作："只有那眼珠间或一轮，还可以表示她是一个活物。"这里的"轮"有机械转动的意思。两个"轮"都表示眼睛转动，但具体内涵却是不同的，它们表现了不同人物的不同境况——"他"是在寻找东西的时候"轮"眼睛，祥林嫂是在精神崩溃的时候"轮"眼睛。不同的话语内涵是语境造成的。

再如，同样是对"钱"实施的行为，鲁迅在他的不同的作品中也选择了不同的动词来表现：

（4）我没有思索地从外套袋里抓出一大把铜元，交给巡警，说，"请你给他……"（《一件小事》）

（5）天色将黑，他睡眼蒙胧的在酒店门前出现了，他走近柜台，从腰间伸出手来，满把是银的和铜的，在柜上一扔说，"现钱！打酒来！"（《阿Q正传》）

（6）有的叫道，"孔乙己，你脸上又添上新伤疤了！"他不

回答,对柜里说,"温两碗酒,要一碟茴香豆。"便排出九文大钱。(《孔乙己》)

(7) 我温了酒,端出去,放在门槛上。他从破衣袋里摸出四文大钱,放在我手里……(《孔乙己》)

例(4)用"抓"表示随手取钱,动作迅速,表现了"我"心理不安而慌乱的神情。例(5)用"扔"表现了阿Q在中兴以后得意扬扬的炫耀情态。例(6)用"排"表现了孔乙己既穷困又炫耀的情态,并与"穿长衫站着喝酒"形成了鲜明的照应。例(7)用"摸"表现了孔乙己已经极度穷困潦倒了,他是用手走着来的,连"取"的力气都没有了。

形容词的锤炼也是值得注意的。形容词选择得好,能够准确地反映出人或事物的特征。例如:

(8) 三仙姑也暗暗猜透大家的心事,衣服穿得更新鲜,头发梳得更光滑,首饰擦得更明亮,官粉搽得更匀称,不由青年们不跟她转来转去。(赵树理《小二黑结婚》)

(9) 中间便是松堂,原是一座石亭改造的,这座亭子高大轩敞,对得起那四周的松树。大理石柱,大理石栏杆,都还好好的,白、滑、冷。(朱自清《松堂游记》)

例(8)作者选择了"新鲜""光滑""明亮""匀称"这些形容词来表现三仙姑的打扮,突出了人物妖冶轻浮的性格特征;例(9)作者选择了"白、滑、冷"三个形容词,把大理石的特征形象地表现了出来。

形容词选择得好,还能够生动地反映出人的心理状态。例如:

(10) 时间被我们踩在了从早到晚的匆忙而疲惫的脚步里,塞进了或薄或厚的薪水袋,夹进了厚重的教科书,扔进了装满情书碎片的旧纸篓。(耿海亮《面对困惑》)

这里作者选择了"匆忙而疲惫"来形容脚步,选择了"或薄或厚"来形容薪水袋,选择了"厚重"来形容教科书,反映了在快节奏的当代社会人们浮躁不安的心理状态。

有时,将同义的形容词并行使用,往往是出于两个目的:一是避复,一是强调。例如:

(11) 如果少数人的幸福,原来完全奠基于一种不义的习惯,这个习惯的继续,不仅使多数人活得卑屈而痛苦,死得胡涂而悲惨,还有更可怕的,是这个现实将使下一代堕落的更加堕落,困难的越发困难,我们怎么办?(沈从文《黑魇》)

(12) 我们焦躁,我们不安,如同斗牛场上一头狂奔的公牛,尽管一次次扑空,但还是一次次地扑向尘沙中那一团跳动的红色。(耿海亮《面对困惑》)

名词的同义形式也很多,在修辞中也有较多的选择余地。名词锤炼得好,也能够取得很好的表达效果。例如:

(13) 她既然只把张信当成她"过渡时期"的丈夫,自然就不能完全按照"自己人"来对待他,因此她安排了一套对待张信的"政策"。(赵树理《锻炼锻炼》)

(14) 读书人家的子弟熟悉笔墨,木匠的孩子会玩斧凿,兵家儿早识刀枪……(鲁迅《不应该那么写》)

(15) 我知道他说到北京机场送别他的女友、他的恋人、他的未婚妻、他的性伙伴、他的可供思念者张丽华去了,就在今天。(吴若增《世界已不再确实》)

例(13)作者选择"过渡时期""政策"这样的名词来表示她对张信的态度,诙谐幽默,富于表现力。例(14)作者选择了几个同义异形的名词"子弟""孩子""儿",不仅反映了不同家庭子女的不同称谓,也避免了上下文的单调重复。例(15)连用了"女友""恋人""未婚妻""性伙伴""张丽华"几个名词,其实说的是同一个对象,不但能够明确一个人不同的角色地位,也具有强调和嘲讽的意味。

此外,代词、数词、量词等的锤炼也值得关注。郭沫若曾经接受朋友的建议,将历史剧《屈原》中的"宋玉,你是个没有骨气的文人"改为"宋玉,你这个没有骨气的文人"。只一个代词之差,使台词顿时增辉。再如:

(16) 然而我们的阿Q却没有这样乏,他是永远得意的,这或者也是中国精神文明冠于全球的一个证据了。(鲁迅《阿Q正传》)

作者虽然在这里选择了代词"我们",但是它并不表示一般的人称关系,这里的"我们"有强烈的嘲讽意味。

数词本来是很枯燥的词类,它常常在计算中使用,似乎谈不上选择或艺术运用,其实事实并不是如此。数词不仅是传统文字游戏的很好材料,同时也是标示事物特征的范例。从这个意义上说,数词的选择也是很重要的。如数字诗"一去二三里,烟村四五家,亭台六七座,八九十枝花",这样的文字游戏恐怕不是其他词类能够承担的。再如中央电视台11套在节目播放前经常出现"一箭仇、二进宫、三岔口、四进士、五人义、六月雪、七星灯、八大锤、九江口、十字坡"这样的文字画面,通过数词代称具体的戏曲节目,从而表现这个频道的特色。

量词是汉语中比较有特色的词类。从信息传递的角度看,量词似乎是多余的。但从表达的角度看,量词又是必不可少的。不仅量词的有无影响到句子的意义,如"我给了他一把刀"和"我给了他一刀"是不同的,而且量词的运用也能使句子生色生辉。例如:

(17) 小城的南面,一串珍珠般的灯火,宛如一挂水晶项

链,闪烁在韩江白皙的脖项上。(曾铸《小城多重奏》)

(18) 像女娲的五色石,像夸父的手杖,像精卫的嘴喙,把一瓣瓣温馨的爱镶嵌在山山水水,打扮这片陌生的存在。(曾新《盐井,祖辈的传说》)

例(17)作者用"串"来表现灯火,用"挂"来表现项链,例(18)作者用"瓣"来表现爱,都是量词的艺术运用。如果没有量词是不会有如此表现力的。

六　错误的句子和艺术的句子

先看两个例子：

（1）他的那双眼睛就是因为中了尼可青的毒才成了瞎子的。（郭沫若《一只手》）

（2）二月初九血红的悲壮的大半个月亮边上，护卫着几朵绿色的云。（莫言《红高粱》）

如果让我们做出判断，例（1）（2）哪个是错误的句子？哪个是艺术的句子？我想每个人都会作出正确的判断：例（1）是错误的句子，例（2）是艺术的句子。例（1）对句子进行紧缩，就是"眼睛成了瞎子"，这显然是搭配不当，因为按照语法标准只能说"眼睛瞎了"或"他成了瞎子"，而不能说"眼睛成了瞎子"。例（2）表面上似乎也是搭配不当，"月亮"怎么能说"悲壮"呢？"云"又怎么是绿色的呢？但感觉上这应该是艺术的句子，是语言的艺术。同样的搭配不当，不论是表面的还是实质的，为什么例（1）是错误的，例（2）是艺术的？

我们先从错误的句子说起。错误的句子类型很多，从来源看，主要有知识的错误、逻辑的错误和语法的错误三种情况。

知识的错误主要表现为百科谬误。例如：

（3）海地大概是非洲最贫穷的国家，三天两头闹政变，变来变去，仍是国穷民弱，政权腐败专制。（《杂文选刊》2008年第9期）

（4）马丁·路德·金何曾信仰新教？（《咬文嚼字》2014年第7期）

例（3）说海地政变频繁，没错；说海地贫穷腐败，也没错；

但把海地说成是非洲国家,就大错特错了。海地全称海地共和国,位于加勒比海中的伊斯帕尼奥拉岛(海地岛)西部。海地东邻多米尼加共和国,南临加勒比海,北濒大西洋,西隔向风海峡与古巴和牙买加相望,是东加勒比海岛国。海地属于七大洲的北美洲,不属于非洲。例(4)说马丁·路德·金不信仰新教,不符合事实。马丁·路德·金(1929—1968)是美国著名民权运动领袖。1948年大学毕业,之后在费城继续深造。1954年,马丁·路德·金在阿拉巴马州蒙哥马利市德克斯特大街任职为浸信会牧师。浸信会是新教的一个宗派,毫无疑问,马丁·路德·金就是新教信徒。而且,在1955年,马丁·路德·金还获得了系统神学的博士学位。例(3)(4)都是知识错误。

逻辑的错误主要表现为前后矛盾。例如:

(5)皮拉罕语没有语法,其语法缺少动词短语、名词短语、嵌入句等。(埃弗里特《别睡,这里有蛇》中译本)

(6)广州珠江主航道发现一具无名女尸,为中老年女性,河南省驻马店市口音,真实姓名不详。提供线索经查属实的将予以奖励。(广州水警2018年11月2日发布的消息)

例(5)前面说皮拉罕语没有语法,后面说"其语法",预设有语法,这就造成前后矛盾。若要修改的话,可加限定性话语,如"皮拉罕语没有英语那样的语法",这样前后就没有矛盾了。例(6)前面说无名女尸,预设除了外形一无所知,后面说河南驻马店市口音,这也造成前后矛盾。这里显然缺少对中间调查环节的说明,应该加"经调查"这样的话语,前后就没有矛盾了。

语法错误主要表现为搭配不当。例如:

(7)锻炼者带小孩的老师请注意:为保护场地免受损坏

和运动者的人身安全,严禁在田径场内进行轮滑、儿童车辆、自行车等一切车辆,放风筝等球类进入场内。

(8) 本操场8点到17点用于体育教学或预约开放,无关人员请勿入内,未按规定发生事故的,后果自负。

例(7)(8)都是高校操场的告示,很明显都是不规范的表达。例(7)表达者想要表达的意思是:1.提醒锻炼者和带小孩的老师注意;2.发布告示的目的是为了避免场地受到损害和保证进入场地人员的人身安全;3.禁止在操场内进行轮滑运动和放风筝;4.禁止儿童车辆和自行车等车辆进入操场。表达者在把头脑中的意思转化为书面语的时候,对一些并列的项目进行了无序整合,因而出现了混乱。例(8)表达者想要表达的意思相对比较清晰,只是在组织话语的时候出现了问题,主要是"未按规定发生事故"这个表达有误。表达者想要说的是"未按规定时间和要求进入场地而发生事故",由于苟简,导致搭配不当。

艺术的句子表面看似乎也存在前后矛盾和搭配不当等问题。例如:

(9) 最是那一低头的温柔/像一朵水莲花不胜风流的娇羞/道一声珍重/道一声珍重/那一声珍重里有甜蜜的忧愁/——沙扬娜拉!(徐志摩《沙扬娜拉》)

(10) "这不是脏,顶多是一种干净的脏……"干净的脏?!幸亏他想出这么个词儿。(武力《娶个外国太太做太太》)

(11) 这顿家宴真是其乐融融又苦不堪言,对马一武来说就像是一次修炼,一方面他体会到亲人团聚的幸福,另一方面又忍受着道义分裂的痛苦。(凡一平《投降》)

(12) 这样的场面对二姐来说是那么熟悉又那么陌生,她想起了胡大进的追悼会,哀乐也是这么沉重地弥漫在了整个

现场,她的心又痛了一下,二姐又一次昏死在追悼会的现场。(石钟山《二姐的燃情岁月》)

例(9)"甜蜜的忧愁"表面看有矛盾,"甜蜜"是积极的感觉,"忧愁"是消极的感觉,既是积极的又是消极的,就造成表面的矛盾。例(10)的"干净的脏",例(11)的"其乐融融又苦不堪言",例(12)的"那么熟悉又那么陌生",从语义组合的角度看似乎都是不合理的,是前后矛盾的。但上述各例都是艺术的句子,它们实际上反映了说话人对事物不同的认知视角。比如例(9),从一个视角看是"甜蜜"的,从另一个视角看是"忧愁"的,其他各例也都是如此。

语法上表面的搭配不当,往往会成为艺术的句子。这在文学作品中尤其明显。例如:

(13)我带着千里奔波的饥渴,带着长岁月久久思慕的饥渴,读着浪花,读着波涛,读着从天外滚滚而来的蓝色的文字,发出雷一样响声的白色标点。(刘再复《读沧海》)

(14)"真的坏了?"他的眼睛放肆地在她的脸上摸来摸去。(张洁《只有一个太阳》)

(15)小石匠浑身立时爆起一层幸福的鸡皮疙瘩。(莫言《透明的红萝卜》)

(16)红得发紫的野茄子花在水草的夹缝里愤怒地开放。(莫言《高粱殡》)

这些在语法上似乎是搭配不当的句子都应该看作是艺术的句子,有特殊的文学表达功能,也有审美价值。

回到前面的问题,错误的句子和艺术的句子区别到底在哪里?怎样有效区分错误的句子和艺术的句子?有两个办法可供鉴别。其一,错误的句子是说写者无意造成的,或者是说写者在知识、逻辑、语法上存在短板,或者是说写者在表达时心不在焉,从而产生出错误的句子;艺术的句子是说写者有意而为之,说写者故意通过表面的矛盾和错搭造成超常的表达效果,从而产生出艺术的句子。其二,错误的句子就是错误,没有办法在其他层面得到合理的解释,比如语用层面、修辞层面、心理层面、文学层面等;艺术的句子能够在更高的层面得到合理的解释,比如例(9)—(16),这些艺术的句子都可以得到修辞的解释。

七 长句

长句是相对于短句而言的。长句和短句是从音节数量的角度划分出来的句子(包括分句),长句是音节数量多的句子或分句,短句是音节数量少的句子或分句。例如:

(1) 美国国会参议院 3 月 18 日的表决未能推翻布什总统对参议院通过的有条件延长对中国最惠国待遇议案作出的否决。(长句)

(2) 他确乎有点像一棵树,强壮、沉默,而又有生气。(短句)

长句和短句没有明确的界限。一般认为,长句要足够长,短句要足够短,这样才能体现出它们的修辞意味。长句和短句各有特色。长句是欧化语法的产物,是近代以来模仿和翻译西方句子出现的,汉语传统上没有像例(1)那样的严格意义的长句。在印欧语系语言中,长句以严密、精确、细致著称,一个主句可以带多个从句,从句又可以嵌套从句,层层嵌套导致长句产生,并进而使句子结构复杂化。长句的生成和理解对逻辑思维很有好处,长句的表达和理解都可以有效提高思维能力。长句的缺陷也是非常明显的,就是不便于阅读和理解,如果想快速有效地阅读和理解作品,还是短句更容易接受。因此,如果为读者着想,站在阅读者的立场,能用短句还是尽可能地用短句。

对长句来说,主要应该解决两个问题。一是准确辨认长句的意义,二是要善于把一个复杂的长句化为几个短句。

辨认长句的意义可以采用"剥皮法",从内到外逐层理解。例如:

（3）巴尔的摩地方法院1987年5月30日裁决亚特兰大市一个生产据称"能使头发卷而发亮"的美发剂的制造商向一位因使用该厂生产的美发剂而毁发毁容的妇女赔偿45万美元巨款。

这个长句可以这样理解：1."一位因使用该厂生产的美发剂而毁发毁容的妇女"意思是"一位妇女因使用美发剂厂生产的美发剂而毁发毁容"；2."亚特兰大市一个生产据称'能使头发卷而发亮'的美发剂的制造商"意思是"亚特兰大市一个制造商办厂生产据称'能使头发卷而发亮'的美发剂"；3."巴尔的摩地方法院1987年5月30日裁决"意思是"巴尔的摩地方法院1987年5月30日对该事件进行了裁决"；4."赔偿45万美元巨款"意思是"生产商向毁发毁容妇女赔偿45万美元巨款"。

辨认长句的意义也可以找出核心部分和外围部分，这样可以快速理解长句的意义。例如：

（4）马立克说奥斯汀对中国总理所说的中国人民政府认为安理会在没有中国人民代表参加的情况下通过的有关中国的控诉案的任何决议都将是非法的这一点表示惊奇。

例（4）核心部分是"安理会在没有中国人民代表参加的情况下通过了有关中国的控诉案的一些决议"，外围部分依次是"中国总理说中国人民政府认为这是非法的""马立克说奥斯汀对中国总理的说法表示惊奇"。

长句化短，有两个方法。

第一，把长句的附加成分抽出来，变为复句里的分句，或单独成句。例如：

（5）一个满头白发、面容憔悴、举动迟缓、穿了一件褪了颜色的蓝色上衣的男子在众人的注视下走了过来。

例(5)可以变为:"一个男子满头白发,面容憔悴,举动迟缓,穿了一件褪了颜色的蓝色上衣,在众人的注视下走了过来。"

第二,把句中联合成分拆开,重复同原来联合短语直接相匹配的成分,形成叠用句式。例如:

(6)改革就是每个人去美利坚合众国去日本去澳大利亚加拿大意大利瑞士公费旅游,而儿孙们去那里自费留学。

例(6)可以变为:"改革就是每个人去美利坚合众国公费旅游,去日本公费旅游,去澳大利亚公费旅游,去加拿大公费旅游,去意大利公费旅游,去瑞士公费旅游,而儿孙们去那里自费留学。"

八　常比喻，病比喻，非比喻

贾平凹在《相思》中写道：

二十年的帐篷，在沙山沙海里，犹如一叶小舟，冷月弯弯地照着，苏州城外的寒山寺的钟声，是能"夜半到客船"吗？

这里作者用到一个比喻，把二十年的帐篷比作一叶小舟，其文学意味浓厚，话语含义丰富，被选入上海2017年高考语文试题。从内容看，比喻必须包括四个要素：本体、喻体、相似点、相异点。拿上面例子来说，本体是二十年的帐篷，喻体是一叶小舟，相似点是用来临时栖居的狭小容身之所，相异点分别是用于地面和行于水中。这是常规比喻，可以称为"常比喻"，其内容完全符合比喻的要求：相似点适宜，相异点明显。作为典范的文学作品用例，其相似点巧妙而丰富，包含着栖居主体的孤独、想象、思念等多重含义，而高考命题者正是抓住这一点来测试考生水平的。

相似点不适宜，是"病比喻"，就是传统所谓的比喻不当。黄伯荣、廖序东主编的《现代汉语》教材有这样一个例子："那一棵一棵的大树，像我们的俘虏似的狼狈地躺在工地上。"教材分析说，把放倒的大树比作俘虏，很难想出它们的相似点。其实这个用例并不是没有相似点，而是相似点不适宜而已，大树和俘虏都是被动的处置对象，它们之间有相似点，但这样的相似点是不适宜的——大树没有意志，无法反抗，俘虏有意志，可以反抗，二者在认知上无法建立起有效的比喻关联。相似点不适宜，有时和感情色彩有关。曹禺《雷雨》中有一段话，原作是："她会爱你如同一只饿了三天的狗咬着它最喜欢的骨头，她恨起你来也会像只恶狗狺狺地，不，多不声不响地恨恨地吃了你的。"女主人公繁漪并不是反面人物,把她比作恶狗是不适宜的,是病比喻。曹禺后来改为:"她爱起人来像一团火那样热烈;恨起人来也会像一团火,把人烧毁。"这个修改后的比喻就是常比喻了。

相异点不明显,不是比喻,即"非比喻"。比如,"这张桌子很像那张桌子。"这不是真正意义的比喻,尽管二者也不相同,但其相异点不明显,认知上作为相同的事物看待。这是相同比较,可以说"这张桌子和那张桌子相同"。有的用例,传统上认为没有喻体,比如朱自清《荷塘月色》:"叶子和花仿佛在牛乳中洗过一样;又像笼着轻纱的梦。"前面一句,一般认为不是比喻,因为没有喻体;后面一句是比喻,是常比喻。其实,前面一句与其说是没有喻体,不如说是相异点不明显,作者描写的是眼前的叶子和花,想象的是牛乳中洗过的叶子和花,二者相异点不明显,因此不能构成比喻。

相异点明显不明显,往往并没有客观的标准,主要是认知上的判断。鲁迅《故乡》写道:"(闰土)眼睛也像他父亲一样,周围都肿得通红。"闰土的眼睛和他父亲的眼睛,在认知上相异点并不明显,虽然用"像"连接,但并不是比喻,而是相同比较,即"闰土的眼睛和他父亲的眼睛相同"。丁春林《清新纯真的孟庭苇》一文写道:"自从剪了一头清爽的短发,她便整日被人拿着她那'月亮头'开玩笑,说她像娃娃。"孟庭苇是成年人,娃娃是未成年人,在认知上相异点明显,因此这是常比喻,不能说"孟庭苇和娃娃相同"。

比喻形式多样,用法复杂,有时不容易判断。但只要我们抓住比喻的基本构成要素分析,就可以化繁为简,理清关系,从而正确区分比喻和非比喻、常比喻和病比喻。

九　别解

《唐阙史·李可及戏三教》中记载了这样的事情：

（1）咸通中，优人李可及者，滑稽谐戏，独出辈流，虽不能托讽匡正，然巧智敏捷，亦不可多得。尝因延庆节，缁黄讲论毕，次及倡优为戏。可及乃儒服险巾，褒衣博带，摄齐以升崇座，自称三教论衡。其隅坐者问曰："既言博通三教，释迦如来是何人？"对曰："是妇人。"问者惊曰："何也？"对曰："《金刚经》云：'敷座而坐。'或非妇人，何烦夫坐然后儿坐也？"上为之启齿。又问曰："太上老君何人也？"对曰："亦妇人也。"问者益所不喻，乃曰："《道德经》云：'吾有大患，为吾有身。及吾无身，吾复何患！'倘非妇人，何患于有娠乎？"上大悦。又曰："文宣王何人也？"对曰："妇人也。"问者曰："何以知之？"对曰："《论语》云：'沽之哉，沽之哉，我待价者也。'向非妇人，待嫁奚为？"上意极欢，宠锡甚厚。

李可及附会《金刚经》《道德经》《论语》中的话语，把释迦如来、太上老君、文宣王都说成是妇人，唐懿宗明明知道李可及所言非是，仍然"极欢"。这是因为，李可及对《金刚经》《道德经》《论语》话语的解读不是常规解读，而是修辞解读。修辞解读以娱乐为目的，因此能取得"上意极欢"的效果。这种修辞解读，修辞学称为"别解"，是修辞格的一种。

别解是对现有语言形式的非常规的解读，是有意的、积极的。现有语言形式的解读，一般情况下都是常规的，词典释义型的；特殊情况下是非常规的，修辞表达型的。比如，"靓仔"的常规解读是"英俊的男生"，而在相声《两个弄潮儿》中，"靓仔"被解读为"天一亮就把你宰了"，这是修辞解读，是别解。

别解是有意的行为,是表达者明知故错的行为,主要目的是为了打趣逗笑。如果是无意中对现有语言形式做出非常规解读,则是错误解读,也就是通常所说的"误解",这样的情况不属于别解。别解是积极的行为,是表达者引发接受者愉悦的行为。如果是消极地对现有语言形式做出非常规解读,是歪曲解读,也就是通常所说的"曲解",这样的情况也不是别解。

别解广泛运用于曲艺和文学作品等领域。比如相声《歪批三国》中,"既生瑜何生亮"被解读为"既氏生了周瑜,何氏生了诸葛亮",也就是周瑜母亲姓既,诸葛亮母亲姓何;"无事生非"被解读为"吴氏老太太生了张飞";"赵子龙老迈年高"被解读为"赵子龙老卖年糕";等等。文学作品也不乏其例,例如:

(2) 什么叫丈夫?丈夫丈夫就是一丈之内是你的夫,一丈之外立即作废。(铁凝《对面》)

(3) 连长又看看张振武的脚,那双大头鞋"空前绝后",前边露着脚指头,后边露着脚后跟。(袁静《伏虎记》)

例(2)把"丈夫"解读为"一丈之内是你的夫",例(3)把"空前绝后"解读为"前边露着脚指头,后边露着脚后跟",都是别解。

还有一种特殊形式的别解,即音译词别解。例如:

(4) "你长得蛮像那个唱我的太阳的什么……"

"怕瓦落地。"

"叫什么?"警察再问。

"怕、瓦、落、地——'叭',碎了。"(陈应松《跳桥记》),《北京文学》2014年第6期)

（5）她腕上也常戴表，就是那块江诗丹顿……大凤知道，老爷子讲的就是她腕上的"僵尸点灯"。（余一鸣《种桃种李种春风》，《人民文学》2014年第1期）

（6）爸爸生气地说："看来你真的是得了眼病。这是世界名牌手表：劳力士。"我一听笑了："'牢里死'，还有叫这个名字的手表？"（邵火焰《手表与手铐》，《现代女报》2014年10月30日）

（7）有懂车的亲戚告诉肯迁先生，这一款的劳斯莱斯要一千多万。亲戚又对肯迁先生开玩笑说："你知道吗，它不叫'劳斯莱斯'，它叫'老子来斯'。"肯迁先生陪着一笑。"来斯"，是扬州的土语，也是扬州人的口头禅，意思是很牛。（孙香我《儿子的婚车》，《羊城晚报》2016年1月21日）

例(4)"怕瓦落地"，通常的写法是"帕瓦罗蒂"。帕瓦罗蒂是意大利人，世界著名男高音歌唱家。帕瓦罗蒂是Pavarotti的音译，是音译词，"怕瓦落地"则是对"帕瓦罗蒂"的别解。例(5)"僵尸点灯"是"江诗丹顿"的别解，例(6)"牢里死"是"劳力士"的别解，例(7)"老子来斯"是"劳斯莱斯"的别解。

音译词别解和音节附义有所不同。音节附义是本无汉字记录而用汉字标注；音译词别解是已有汉字记录而换其他汉字形式，从而形成音译词别解。

对于现有语言形式来说，常规解读和修辞别解各有其用。常规解读用于信息传递，体现的是语言的信息功能；修辞别解用于话语娱乐，体现的是语言的游戏功能。在社会生活中，信息传递固然是重要的，有时能够满足人的物质需求，有时也能够满足人的精神需求；而话语娱乐在满足人的精神需求方面也是同样重要的，正是因为语言具有游戏功能，人类的精神生活才更加丰富多彩、充满生机。

十 不当标语例谈

无论在城市还是在农村,很多地方都可以见到标语。有的标语有一定的积极意义,如"百年树人,教育为本""一切为了孩子,为了一切孩子,为了孩子一切"等;有的标语内容平平,也谈不上什么积极意义,但似乎也看不出有什么不当之处,如"不能带头富,不能当干部,不能带民富,不是好干部"等;而有的标语存在着明显的不当之处,我们把这类标语称为不当标语。不当标语大略有以下一些。

一是生拉硬套式。例如:

(1) 天下兴亡,匹夫有责;二胎生育,丈夫有责。
(2) 一人睡觉,全家光荣;全家睡觉,精忠报国。
(3) 人民罪犯人民爱,人民罪犯爱人民。

例(1)中写标语的人显然试图运用"同字"修辞格来达到宣传目的。殊不知,前后两个部分根本不沾边,"天下兴亡,匹夫有责"和"二胎生育,丈夫有责"之间是风马牛不相及的,这种生拉硬套的说法是很难引起受众共鸣的。另外,"二胎生育,丈夫有责"也不妥,这很容易让人理解为这个地方的二胎政策都是男人的事情,或者理解为二胎生育没有女人任何事情,这显然是有违宣传者初衷的。例(2)是新冠疫情期间出现的标语,显然是仿拟"一人参军,全家光荣"这个标语写成的。"一人参军,全家光荣"容易理解,而"一人睡觉"全家是如何光荣的呢?这显然是胡乱联系导致的,实在不妥。例(3)是山东某监狱的标语,显然是模仿"人民战士人民爱,人民战士爱人民"等标语,但"人民罪犯"这样的组合实在是莫名其妙,这种生拉硬套的模仿是不合适的。

二是废话展示式。例如：

（4）抢劫警车是犯罪行为！

（5）武装抗税是非法行为！

（6）横卧铁轨,不死也要负法律责任！

以上三例基本上都是废话,谁不知道抢劫警车是犯罪行为？谁不知道武装抗税是非法行为？另外又有谁没事干会横卧铁轨？这些标语不仅不能提供有价值的信息,而且常常让人联想到不好的事情。例(4)言外之意大概是说某地的警车经常被抢劫,所以宣传者希望用标语来提醒抢劫者,但这是不是意味着这个地方的公安干警太窝囊了点？例(5)说武装抗税是非法行为,那是不是意味着和平抗税就是合法行为？例(6)显然是在威胁横卧铁轨者,但一般人是不会去横卧铁轨的,凡去横卧铁轨的人肯定是处于超常状态下的,对这样的人不能用威胁的方法去对待去解决,而应该用人道主义的精神和态度去处理。

三是语气蛮横式。

（7）谁侵犯投资者,谁就是人民的敌人。

（8）哪家地里冒烟,公安把你收监。

例(7)和例(8)宣传者的出发点也许是好的,为西部大开发招商引资鼓与呼有何不对？禁止焚烧秸秆有何不好？但话语的语气生硬蛮横,让人心里不舒服。例(7)强调保护投资者的利益,避免地方执法者层层阻挠和盘剥,这是对的。但另一方面,这样的话语又把投资者放在了一个不适当的高度,他们似乎是神圣不可侵犯的,这有违法律面前人人平等的原则。如果这些投资者做了违法犯罪的事情,公安机关依法惩办了他们,"侵犯了他们",那么公安机关就是人民的敌人吗？这显然是荒谬的。例(8)强调禁止焚烧秸秆,以避免引起空气污染,这也是对的;但因为焚烧秸秆强行把人收监,那是军阀和强盗的行径,不仅不应该有这样的想法和行为,更不应该把这些话写出来当作宣传的工具。与此相关的一些口号还有"谁地里着火拘留谁""谁家麦茬谁家管,焚烧拘留加罚款""蹲到地里点把火,拘留所里过生活""上午烧麦茬,下午就拘留"。这样的标语令人不寒而栗。

四是搭配不当式。例如:

(9)人人都是投资环境。

(10)严禁客货混装!

(11)大力发展散装水泥,是我们的基本国策!

例(9)是西安街头标语,意思是可以理解的,大概是说,居住在这个地方的人,他们的言行举止都会对环境——特别是人文环境——产生重要影响。但如果从语法的角度分析,这是典型的主语和宾语不同一,"人是环境",搭配不当。例(10)的意思可能是说货车不得载客,这是对的,符合交通规则。但我们可以说"装货",不能说"装客","乘客"不是物品,不能任意装卸,任意码放,说"装客"是对乘客人格的不尊重,从语法的角度看是搭配不当。实际上,这句话不如直截了当写成"严禁货车载客",这样就没有语法毛病了。例(11)是辽宁某地的标语,把"发展散装水泥"说成是我们的基本国策,是不通的不对的,我国从来没有过这样的基本国策。

五是停顿不当式。例如:

(12)投案自首是犯罪　　分子唯一的选择!

这是宁夏乡间的一则标语,墙的一面写着"投案自首是犯罪",拐过弯去是"分子唯一的选择!"。这样的标语让我们想到"我是武装部部长——派来的,每人发一枝枪——是木头的"和"我们军队的首长要爱护士——兵"以及"毛主席教导我们,人的正确思想是从天上掉下来的——吗?"这些都是人们当作笑料谈论的,然而标语中竟然真有类似的情况。假如人们不知道拐过弯去还有字,就按照"投案自首是犯罪"去理解,恐怕会理解为完全相反的意义。还有一个例子,在南宁市区某小区草坪竖着一块牌子,第一行写着"开展创造",第二行写着"性的活动",而且两行相距甚远。这往往使人想到其他事情上,当然这都是书写者不注意造成的。

六是不良联想式。例如:

(13) 光纤没铜,偷也没用。

(14) 人口降下去,生产搞上来。

(15) 少生孩子多种树,少生孩子多养猪!

例(13)是提醒人们不要偷盗光纤,但很明显,这里的两个分句是因果关系,因为"光纤没铜",所以大家不要偷盗。那么如果是有铜的光纤,是不是就可以偷盗了呢?这里面有误导性因素。例(14)是某火葬场标语,从内容上看似乎没有什么问题,但把这样的话语放在火葬场这样特定的语境中,是很不妥当的。死者的亲属去火葬场火化死者,如果看到这样的标语,他们肯定会产生不良联想,甚至会认为是火葬场有意为之,这样很容易造成不必要的麻烦。例(15)是北京郊区延庆某地的标语,把"生孩子"和"种树"尤其是和"养猪"联系起来,会使人产生不良联想,似乎"孩子"和"树""猪"是同一个平面同一个层次上的事情。这对万物灵长的人来说似乎是很难接受的事情。

标语问题不仅是语言问题,同时也是社会文化或社会心理问题。标语是社会文化的一种反映,它们在某种程度上折射了民族文化的精神。民族文化中优良的一面表现在标语中,不良的一面也表现在标语中,因此,提高整个民族文化素质是防止不当标语泛滥的根本。另一方面,标语是否得体,是否具有艺术性,往往反映着写作者文化素养和语言运用能力的高低。因此,还应该提高宣传者个人的文化素质。对语文工作者来说,应该在可能的范围内因势利导,积极干预不当标语的使用,充分发挥语文规范的调节作用,这也是防止不当标语泛滥的条件。

第五讲　语用

一　话题的选择

话题有两种:结构话题和话语话题。结构话题是针对一个句子而言的,它是说话人在表达中放在句子前面作为说话的出发点的话语结构成分。结构话题是句子的话题,是一句话的出发点。话语话题是针对一个语篇而言的,它是语篇的中心内容。话语话题是语篇的话题,是一个语篇的中心思想。

结构话题是与述题相对的一个概念,是属于句子平面的。一般地,结构话题往往是已知信息,述题往往是未知信息。例如:

（1）黑猩猩吃了一串蚂蚁。

（2）关于调动的事情,你去找组织谈一谈。

例(1)"黑猩猩"是话题,是已知信息;"吃了一串蚂蚁"是述题,是未知信息。例(2)"关于调动的事情"也是话题,是已知信息;"你去找组织谈一谈"是述题,是未知信息。

话语话题是一个语篇概念。一般地,话语话题是语篇的主旨和灵魂所在,语篇则是对话语话题的切入和展开。例如,有个叫《聋子探病人》的幽默小品:

（3）聋子要去探望病人,心里估摸着:到了他家,我在床头坐下,问候他:"你感觉怎么样?"他准会说:"好多了。"我再问:"给你治病的是哪位医生?"他就告诉我医生是谁。想妥

了,聋子就去探望病人。这时病人还不好受,心情烦燥得很,聋子欠身问道:

"你感觉怎么样啊?"

"快要死了!"病人呻吟道。

"噢,感谢真主!"聋子表示高兴,"那你吃了什么药啊?"

"毒药!"

"亲爱的,这对恢复健康大有帮助。"聋子又问,"那么,是哪位医生在给你治病呢?"

"死神!"

"哦,太好了,太好了!"聋子十分欣慰地说,"他能亲自来,一切都会解决的!"

这个话语话题可以看作是"聋子探望病人",而上面文本的内容则是对这个话题的展开。

结构话题常用于语法分析,话语话题常用于语用、修辞、语篇分析。

话语话题的选择,不能随意而为,应该遵循一些基本的原则。

1. 情趣性原则

情趣,顾名思义就是情调趣味。话题力求情趣性,是人类高尚的语言追求之一。情趣并不意味着高雅。一是高雅并非人人都能做到,它需要一定的知识和素养,而情趣则不然,一个从来没上过学的文盲老太太言谈也有可能是很有情趣的。二是高雅并不一定被大众喜爱,相反,有些高雅的谈论还很不受大众的欢迎。《红楼梦》中贾政的话题没有王熙凤的话受欢迎。在法国,上流社会的雅语也很不得民众的认可。而充满情趣的话语总会受到人们喜爱的。情趣也不意味着幽默。有人把幽默原则作为语用原则之一,其实是很不妥当的。诚然,人们喜欢幽默,也喜欢幽默的人。然而幽默是一种高难度的言语技巧,很少有人能处处做到时时做到。作为一种理想技巧去追求是可行的,但作为一种现实,我们又不得不考虑绝大多数普通人的语用追求。情趣是一种品格,是可以通过实践学会的。它不需要多么深的学问,也不需要多么高的地位。只要是发自内心的、能引起受话人共鸣的高格调的话题都可看作是具有情趣性的。农村街头的人们一边哼着小调,一边交谈着东家长西家短的话题;中学生们一边嬉笑打闹,一边咀嚼着《大话西游》式的话题;恋人们一边谈情说爱,一边絮叨着永远不着边际不切实际的话题……这些话题都可能遵循着情趣性原则。作家路遥在小说《人生》中叙述了这样两个情节:

(4) 巧珍没有坐,一直亲热地看着她亲爱的人,委屈地说:"你走了,再也不回来……我已经到城里找了你几回,人家都说你下乡去了……"

"我确实忙!"加林一边说,一边把水杯放在办公桌上,让巧珍喝。

巧珍没喝,过去在他床铺上摸了摸,又揣揣被子,捏捏褥子,嘴里唠叨着:"被子太薄了,罢了我给你絮一点新棉花;褥子下面光毡也不行,我把我们家那张狗皮褥子给你拿来……"

"哎呀,"加林说,"狗皮褥子掂到这县委机关,毛烘烘的,人家笑话哩!"

"狗皮暖和……"

"我不冷!你千万不要拿来!"加林有点严厉地说。

巧珍看见加林脸上不高兴,马上不说狗皮褥子了。但她一时又不知该说什么,就随口说:"三星已经开了拖拉机,巧玲教上书了,她没考上大学。"

"这些三星都给我说了,我已经知道了。"

"咱们庄的水井修好了!堰子也加高了!"

"嗯……"

"你们家的老母猪下了十二个猪娃,一个被老母猪压死了,还剩下……"

"哎呀,这还要往下说哩?不是剩下十一个了吗?你喝水!"

"是剩下十一个了。可是,第二天又死了一个……"

"哎呀哎呀!你快别说!"加林烦燥地从桌子上拉起一张报纸,脸对着,但并不看。

(5) 黄亚萍把脸稍微迈开一点,憧憬似地望着星光灿烂的远方,喃喃地说:"我当然愿意走!南方,是我的家乡,我从小生在那里,尽管后来跟父母到了北方,但我梦里都想念我的美丽的故乡……"她眼里似乎闪动着泪水,喃喃地念道:"江南好,风景旧曾谙:日出江花红胜火,春来江水绿如蓝。能不忆江南!……"

加林忍不住接着她念道:"江南忆,最忆是杭州:山寺月中寻桂子,郡亭枕上看潮头。何日更重游?……"

亚萍转过头,热烈地望着加林,说:"南京离杭州很近。上有天堂,下有苏杭。苏州就是江苏省的……"

很显然,黄亚萍的话题具有情趣性,因而引起了高加林的共鸣;而刘巧珍的话题情趣性不强,所以只能招致高加林的不满和反感。这也成为后来悲剧产生的根源之一。

跟情趣性原则相对立的,是话题的庸俗化。庸俗化的话题,往往格调不高,低靡颓废。近年来盛行的"段子",有许多是属于这种情况的。比如一些荤段子诸如"小姐太贵,情人太累"之类即是。为此,有人在杂志上撰文批评。吴明举在《庸俗"段子"应该断》(《求是》2001年18期)中说:"时下,'段子'流行得很,它无时不在——朋友聚会、战友相逢、电话聊天、书信交往、网上交谈……;它无处不在——街头巷尾、田间地头、茶楼酒店、商场球场、情场官场……。它似乎成为酒桌上一道'必点菜',牌桌上一张'必打牌',交往中一曲'抒情调'。同事之间讲,上下之间讲,军地之间讲,异地之间讲,甚至男女之间也讲。所谓'段子',就是指那种逗人开心、骂人过瘾、探人隐私的'笑话';那种新鲜离奇、无中生有、庸俗不堪、包罗万象的'故事'。其中多数恶意中伤,粗陋无比,'荤'多'素'少,特别是某些'政治段子',更是低级庸俗,造谣中伤,严重损害党的形象。"不过也并非所有"段子"都是如此。我们看到,在文学文本中,段子正以势不可挡之势,冲击着文学作品的主题和情节。一些具有讽喻性的段子还是深受群众欢迎的。

2. 热忱性原则

说话人应该对自己的话题热忱,以便取得听话人对自己所述话题的共鸣。热忱往往建立在一个人的兴趣之上,一般说来,越是感兴趣的事情,说话人对它越有热忱。有的话题几乎整个人类都是有兴趣的,比如将来地球的命运和前途、对地外文明的探索、超自然力量等;有的话题只某些民族或地区有兴趣,比如中国人对反腐败很感兴趣,美国人对反恐很感兴趣等;有的话题只同行同专业的人感兴趣,比如语言学家对语言问题很感兴趣,化学家对化学问题很感兴趣等;有的话题只同性别的人感兴趣,比如男性对汽车感兴趣,女性对衣服感兴趣等。当然这只是一种倾向。那么,凡是感兴趣的事情,说话人在谈论时总会表现出一定的热忱。梁启超是个大学问家,他对学问非常热忱。据玉槐堂《朝闻道》记载,他讲课时,声若洪钟,感性投入。有时摇头晃脑,有时拍手顿足;悲则痛苦,涕泗滂沱,乐则大笑,声震屋梁。听课的人也深受感染,或流泪,或欢笑。他记忆能力非凡,"四书五经"、历史典籍、诗词歌赋,往往张口即诵。讲课时旁征博引,运用自如,有时偶尔顿住,用手敲一敲光秃秃的脑壳,立即想起,大段大段地往下背。梁启超的课能取得如此好的效果,与他对学问的热忱显然是分不开的。他在以学问为话题时,充分显示了自己非凡的能力。

美国著名的企业家、教育家、演讲口才艺术家卡耐基在谈到话题时强调,要点燃你对话题的热忱。在高铁军编著的《卡耐基口才学》中有这样一个例子:

(6) 一次傅零先生的演说是描述美国的首都。他的事实,是从当地一家报社所发行的一本小册子里仓猝而浮浅地搜集而来的,听起来枯燥、不连贯、未经消化。他只是一味念诵着一连串枯燥无味的事实。下面的人听着难过,他自己也讲得痛苦。

谁料,两星期后发生了一件事情,把傅零先生给害惨了:他有辆新车停放在路上,一个不知名的车撞上来,把它撞个稀烂,事后不通名报姓,就逃逸得无影无踪。这件事可是活生生的亲身经验了。因此,当他说起这辆撞得稀烂的汽车时,他的讲演就辞真意切,源源泉涌,烈火沸腾,好似维苏威火山爆发。同样是一次讲演,两星期前,人们还烦燥无聊,在椅子里扭动不安,现在却给了傅零先生的讲演以热烈的掌声。

很显然,傅零先生对美国首都这样的话题是缺乏热忱的,而对自己的汽车被撞这个话题是热忱的。在讲演过程中,后者比前者效果好得多。这就提醒人们,只有选择自己熟悉的、感兴趣的话题,才有引起听话人共鸣的可能。

3. 共享性原则

说话是一个互相沟通的过程,说话双方对话题的共同兴趣是保证有效交际的基础。对说话人来说,如果只有他自己对话题感兴趣,而听话人都不感兴趣,就很难交流下去。所以在说话时,要充分考虑双方共同的兴趣来选择话题,这样才能保证交际的有效性。这条原则可称为共享性原则。要做到这一点,说话人必须根据交谈对象来安排话题。例如:

(7) 戚子绍觉得很得意,提醒着山里路不平,走路脚要抬高点,继续和肥胖女人搭讪:"近来打猎的多不多?"

"来得少了,你不知道吧,山顶上有了狗熊!都怕啦!"

"狗熊有啥怕的,以前又不是没出现过狗熊?!"

"这狗熊可是成了精了!上一个月来了个打猎的,也是开着辆小车来的,遇着了狗熊,狗熊一巴掌把半个屁股挖去了,人昏迷不醒地抬了下来,醒来说狗熊会说人话哩!"

"人会学着野物的声叫,哪里会有野物学人的话?"

"人都能学着野物的声叫,野物又怎么不能说人的话?"

"他一定是没打败狗熊,脸面上不能下来,胡诓哩。"

"反正是风声传得紧,来打猎的人少了。"

"那你就看着我怎么收拾这狗熊了!"

(《北京文学》2002年1期)

戚子绍选择的话题是适切的。他询问打猎人的多寡,一方面紧密联系自己出行的目的,一方面紧密联系现实语境,这样就引出了有关"狗熊"的话题,这是双方都感兴趣的话题。他获取了新信息,也达到了交际的目的。如果他换个话题问:"近来你男人在不在家?"恐怕就很难取得这样的表达效果了。

阿宁在小说《无根令》中写了这样一个情节：

(8) 他突然改了主意,是意识到这辆凯迪拉克是贡家的,也就是说开车的司机是贡天华的司机。他不想再跟崔惠平谈什么了,所以一上车就说:今天约法三章,第一在车上不谈工作。第二要说轻松的话题。第三要轮着讲笑话,你说一个,我说一个,让司机师傅当裁判,他要不笑,就得重说。

崔惠平说:李书记你可难为我了,我是个不会说笑话的人。李智说:不行,不行,咱们这些日子够累的了,出来把工作的事都忘了,好好放松一下。

崔惠平说:让别人替我说行不?

李智说:你是想让司机师傅替吧,这就跟喝酒一样,不能找人替,他要替你,就得替我。

司机说:干脆,我给领导们讲个故事吧。我要是讲不笑你们,甘愿受罚。

司机讲了一荤两素三个故事,李智本来没觉得可笑,出于对司机师傅的尊重,也笑了。皮县到容易市也就一个小时的路程,三个故事讲完后路程已经过了大半,李智说:停车,我到我的车上去。

司机有些慌:是不是我讲的笑话惹李书记不高兴了?

(《人民文学》1999年7期)

在这个车上,崔惠平不会讲笑话,李智又是满腹心事,他的心思也不在笑话上,而司机师傅的一荤二素三个笑话只能供自己享用,所以最后的局面是尴尬的。

4. 新颖性原则

话题要新颖,才能时时传递新的信息。鲁迅《祝福》中的祥林嫂一见人便说:"我真傻,真的,我单知道雪天野兽在深山里没有食吃,会到村里来;我不知道春天也会有。"接着便说孩子阿毛被狼吃掉的事情,开始人们还非常同情她,后来说的次数多了,人们便都厌燥起来。其主要原因是,这个话题开始是新的,能引起人们的共鸣;但后来就成为陈旧的话题了。这就要求说话要经常更新自己的话题,以保证话题的新鲜性和趣味性。有的场合话题可以相对灵活一些,说话人选择话题是否新颖,常常是评价他表达水平的一条重要标准。小说《啊,索伦河谷的枪声》中有一个叫冼文弓的指导员,他在一次训话时说:

(9) 我感到三连是个好连队,好就好在有人才。我们全连几乎都对玩扑克有浓厚的兴趣,我看完全可以在扑克方面压倒其他连,夺个冠军。关于扑克的知识,大家可能还不知道吧?扑克牌中的四种花色,都有不同的寓意。黑桃象征橄榄叶,表示和平;红桃是心形,表示智慧;梅花是黑色三叶,源于三叶草,象征青春;方块表示钻石,意味着财富。这四种花,是对人们一年中美好的祝愿。我也用扑克这四种花色向大家表示美好的祝愿。完了!

冼文弓的训话新颖别致,他没有像其他军队领导那样讲思想政治业务等,而是借扑克的象征意义表达自己美好的祝愿。因此受到了战士的热烈欢迎。在这个空话套话满天飞的时代,学学冼文弓的做法还是非常有必要的。

有的场合话题相对死板一些,说话人可以在切入话题时选择一个新颖的角度。如果说话人直接切入话题有可能落入窠臼,这时可以尝试运用类比间接切入,这样甚至可能会取得意想不到的效果。美国莱特兄弟在发明飞机后,有一次到法国旅行,在欢迎酒会上,主人再三邀请他们讲几句。大哥盛情难却,便讲道:"据我们所知,鸟类中会说话的只有鹦鹉,而鹦鹉是飞不高的。"这样的话题选择非常新颖,因此有非常好的表达效果。假如这位大哥直接切入话题说"我们默默地努力工作了这么多年,才发明了飞机",这样陈词滥调的表达其效果就差得太多了。

二 "生活不止眼前的苟且"

高晓松创作的《生活不止眼前的苟且》中写道:"生活不止眼前的苟且,还有诗和远方的田野。"这首歌一经传唱,就红遍网络,"生活不止眼前的苟且,还有诗和远方"成为网络流行语,而且被纷纷模仿。有两种不同的模仿方式。第一种模仿,例如:

生活不止眼前的苟且,还有柴米油盐酱醋茶。

生活不止眼前的苟且,还有下个月的房租。

生活不止眼前的苟且,还有数不尽的美食。

生活不止眼前的苟且,还有诗和神秘的石化工业。

第二种模仿,例如:

生活不止眼前的苟且,还有远方的苟且。

生活不止眼前的苟且,还有从前的苟且。

生活不止眼前的苟且,还有将来的苟且。

生活不止眼前的苟且,还有以后的苟且。

两种不同的模仿,反映了两种不同的焦点信息呈现方式。句子从信息结构的角度看有已知信息和新信息两种,新信息的重点通常被称为"焦点"。从句子内部的情况看,和句子的其他部分相比,焦点往往是说话人赋予新信息强度最高的部分,因此焦点可以起到明显的"突出"作用。

焦点有两种:自然焦点和对比焦点。自然焦点也叫常规焦点。在句子中,它不会因成分之间的相互对比而显现出来,也不会因特别的强调而故意读为重音,这类焦点往往是句子的自然重音之所在。由于句子的信息结构安排通常采取由已知信息到新信息这样的顺序,因此,句子的自然焦点通常是出现于句子的末尾的,所以也可以称为句尾焦点或句末焦点。对比焦点是说话人在动态的言语交际中采用对比的方式来指明的焦点。对比焦点通常采用对比重音来表达。对比焦点还可以通过外在标记"是"来表现,比如"是张三把东西拿走的"。

上面第一种模仿是自然焦点的呈现,说话人传达给听话人新信息的重点是句子末尾的内容,说明生活所包含的内容,有眼前的苟且,也有柴米油盐酱醋茶、下个月的房租、数不尽的美食、神秘的石化工业等。

第二种模仿是对比焦点的呈现,说话人传达给听话人新信息的重点不是"苟且",而是"远方、从前、将来、以后"。在语音上,这些内容都需要重读。

在话语中,自然焦点是最常见的信息呈现方式,句子末尾是听话人解读的重点内容。我们所熟知的"屡战屡败"和"屡败屡战"的用例,就是因为解读的重点在句子末尾,所以"屡败屡战"比"屡战屡败"更易于为听话人接受。再比如,有个段子说,有的女大学生白天读大学,晚上陪酒,听起来感觉不好;如果说陪酒女晚上陪酒,白天读大学,就满满的正能量。其实也是因为句子末尾是解读的重点内容,前面重点解读"陪酒",后面重点解读"读大学"。再比如,师父告诉小和尚,"念经的时候抽烟"不可以,"抽烟的时候念经"可以。这也是因为重点解读的内容不同,前面重点解读"抽烟",后面重点解读"念经"。

对比焦点在话语中并不常见,但也是重要的信息呈现方式。对比焦点是需要标记的。在语音上,对比焦点需要重读。比如"张三明天去北京开会",如果重读"张三",就排除了别人;重读"明天",就排除了其他时间;重读"北京",就排除了其他地方——"张三""明天""北京"分别是对比焦点。对比焦点的前面还可以加上一个无实在意义的"是",用来标记对比焦点,比如"张三是明天去北京开会","明天"是对比焦点,就排除了其他时间。

自然焦点和对比焦点是两种不同的信息呈现方式,不能混同。如果把自然焦点误解为对比焦点,或者把对比焦点误解为自然焦点,就会造成笑话效果。比如,某甲说自己没有在镇上偷过东西,某乙问他:"那你在哪里偷过东西呢?"这是把自然焦点解读为对比焦点了,某甲说的重点是"偷东西",某乙则用"在哪里"回应,把重点理解为"在镇上"。再比如,老师看见学生上课喝可乐,问:"你为什么上课喝可乐?"学生回答说:"因为雪碧喝完了。"这是把对比焦点解读为自然焦点了,老师问的重点是"上课",而学生解读的重点则是"可乐"。

三 "阿凡提是傻瓜"

有一则笑话,是阿凡提和巴依老爷的对话:

(1) 巴依老爷:"阿凡提,咱俩谁是傻瓜?"

阿凡提:"阿凡提是傻瓜,巴依老爷。"

巴依老爷:"为什么你是傻瓜?"

阿凡提:"因为我没有看出巴依老爷是傻瓜。"

"我没有看出巴依老爷是傻瓜"包含一个预设(即预先设定的内容),这个预设是"巴依老爷是傻瓜",预设具有恒真性。无论命题是肯定的还是否定的,都不影响预设的真实,如果"我看出巴依老爷是傻瓜",那么"巴依老爷是傻瓜"仍然是真实的。阿凡提的话语之所以具有杀伤力,就因为有个恒真的预设"巴依老爷是傻瓜"。阿凡提说自己是傻瓜,其实只是一种方式,不是目的,其目的在于引出"巴依老爷是傻瓜"这个恒真预设。

预设也叫语用前提,是以实际语言意义为根据,靠语义、语境等因素推断出的话语先决条件。例如:

(2) 张三的哥哥又买了一张桌子。

这个例子包含着这样的内容:1.有个人叫张三;2.张三有个哥哥;3.张三的哥哥以前买过桌子。

这些内容就是"张三的哥哥又买了一张桌子"的预设。预设的各项内容叫设项,设项有绝对预设和相对预设之分。拿"张三的哥哥又买了一张桌子"这个句子来说,它的三个设项中,1和2是句子中固有的内容,叫绝对预设;3是推断的内容,叫相对预设。相对预设具有不稳定性。如,设项3也可以是"张三的哥哥买了一把椅子"。这说明,"又"的语义指向不同,相对预设的内容也就不同:当"又"语义指向"买"时,其预设为"张三的哥哥以前买过桌子";当"又"语义指向"一张桌子"时,其预设为"张三的哥哥买了一把椅子"。

预设具有可推导性。听话人可以根据原句推导出预设的事实。例如:

(3) 小王的爸爸病了。

听话人听到这句话以后,马上就能够判定出"小王的爸爸还健在"这样的内容。

预设还具有可取消性。听话人可以用预设把原句取消。例如:

(4) 甲:小王的爸爸病了。

乙:胡说,小王的爸爸早死了。

在交际中,暗含不露的预设有时比直白的表述更有冲击力。例如:

(5) 甲:你打过架吗?

乙:没有。

甲:你骂过人吗?

乙:没有。

甲:你偷东西被别人抓住过吗?

乙:没有——我什么时候偷过东西啦?

这里"甲"的问话表面上看来是个一般的是非问句,只要用"是"或"不是"回答就可以了。其实不然。这里有个预设"你偷过东西",所以无论答话人回答"是"还是"不是",都不能取消这一预设,而取消这一预设的唯一办法就是通过添加上下文来实现。

预设是语言的机制之一,是不言自明的前提。一般情况下都是社会集团和交际双方的共有知识。预设存在于语言和语言运用的各个层面。

在短语层面,表面相同的结构,其语义预设不一定相同。比如"吃苹果""吃父母""吃大碗""吃食堂",这些短语都是述宾结构,但语义预设各不相同:"吃苹果"的预设是对象,"吃父母"的预设是方式,"吃大碗"的预设是工具,"吃食堂"的预设是处所。这在说汉语的人心目中是不言自明的,不会混淆的,但对于学习汉语的外国人来说就不一定能理解。有的留学生见到这样的短语就大惑不解:"苹果可以吃,父母、大碗、食堂也可以吃吗?"这是把宾语的语义预设都理解为对象的缘故。再比如,"免冠照"和"半身照"都是定中结构,"免冠照"不仅仅有"不戴帽子"的字面意义,还预设整个头部、颈部、上半身的上部、前部等,"半身照"预设上半身、前部。有个笑话说某人去照相馆照"半身照",等照片出来以后,发现照出来的是下半身。这里的问题在于,照相馆的工作人员违背了"半身照"的预设,因此闹出笑话。

在句子层面,预设是存在的前提,是句子得以成立的保证。"张三的老婆病了",预设张三有老婆;"请把门打开",预设门是关着的;"你看我什么时候能当教授?",预设说话人目前还不是教授;"您就是大名鼎鼎的罗玉凤?",预设说话人听说过罗玉凤,但没有见过罗玉凤。在小品等艺术作品中,有些演员为了取得幽默的效果,故意先创造一个预设,再取消这个预设,以此造成包袱。比如小品《小站故事》,演员黄宏先说"工钱挣了三千块,回到家,不给媳妇给我妈"。这里预设是黄宏有媳妇,但接着又说"其实我还没成家",又把预设取消了,先创造预设再取消预设,就形成观众理解的张力,从而取得幽默的效果。

在交际中,预设是交际双方的共有知识,是交际成功的

前提条件,如果交际双方没有共同预设,就会造成误解。例如,作家徐贵祥的小说《红霞飞》中有这样一段对话:

(6) 马德说,听了半天你还不明白啊,参加革命动机。

何连田愣住了,动机,啥冻鸡,我是南方人,南方不吃冻鸡。

马德一拍桌子说,动机,就是你……你为啥要参加革命。

马德是干部,动辄就要了解部下参加革命的动机。何连田是战士,根本不知道"动机"是什么,因此理解为同音的"冻鸡"。由于双方在身份地位、思想认知等方面存在着差异,在对"动机"的理解上缺少共有知识,预设不同,因而造成误解。

四 "番茄"是蔬菜还是水果？

1893年，美国高等法院裁决了一桩案件，这桩案件有关番茄属性的问题。原告和被告双方就"番茄到底是蔬菜还是水果"进行了激烈的交锋，法院最终裁定，番茄属于蔬菜。根据美国1883年的关税法，进口蔬菜要缴纳高达10%的关税，而进口水果则不用交税。做番茄进口生意的约翰·尼克斯等人认真研习了一番植物学知识后，发现根据严格的植物学定义，番茄应该归到水果范畴，如果番茄属于水果，则以后进口美国番茄不用交税，以前所缴税款也应该返还。于是约翰·尼克斯等人把纽约港海关告上法庭，要求返还以前被征收的关税。这场官司一路闹到美国最高法院，1893年法院才做出最终裁定。

原告和被告双方论辩都是基于词典的定义。原告认为，按照词典的定义，番茄属于果实，所以应该按照水果处理，不应征收关税；而被告认为，像豌豆、茄子、黄瓜这样的果实，实际上是作为蔬菜看待的，既然这些果实应该征收关税，那么番茄当然也应该征收关税。法官站在被告一方，认为番茄是蔬菜而不是水果，尽管番茄完全符合植物学中水果的定义，但人们通常把它作为蔬菜看待，通过烹饪食用，而不是像水果一样直接食用。从大众观念和日常吃法而言，它还是更像蔬菜，应该归入蔬菜范畴。

这其实是有关分类或归类的问题。分类或归类有两个不同角度，一是科学的角度，一是日常的角度。科学角度的分类或归类严格遵循逻辑原则，讲求类属包容，大类包含小类，小类包含更小类，同一层次类别成员不能相互包含、相互交叉。日常角度的分类或归类没有这么严格,更多是一种习惯。按照科学分类的原则,不但番茄是水果,黄瓜、豆荚、玉米、榛子、橡果都应该归到水果范畴。但从日常习惯来看,番茄、黄瓜一般归为蔬菜,豆荚、玉米则归为主食,而榛子、橡果归为干果。从社会、文化、教育、法制等角度看,在有争议的情况下,一般以日常角度的分类作为决断的标准,而不考虑科学角度的分类。

从日常分类来看,一些新型的番茄、黄瓜甚至玉米、胡萝卜也是归到水果范畴的,但这样的食品是有标记的,在正式命名中被称为"水果番茄""水果黄瓜""水果玉米""水果胡萝卜"等。例如:

(1) 韩长赋走进产业园,听取企业负责人介绍情况,品尝企业自主培育的水果番茄,并和在企业工作的博士生交谈,鼓励他们要靠创新驱动,提高育种技术,将蔬菜种子的育繁推、产学研真正一体化。(《农民日报》2014年12月31日)

(2) 东北农业大学园艺专业毕业来到农场后,郭晶每天起早贪黑,在大棚里学习水果黄瓜的种植方法。(《党的生活(黑龙江)》2016年第4期)

(3) 今年,北京市农业技术推广站推广种植的高端水果玉米品种主要是纯黄色的美珍206、黄白粒色的BMB380和纯白色的京白甜456。(《北京晚报》2018年6月30日)

(4) 传统的胡萝卜种植利润率比较低,解决滞销必须产品升级。比如生产水果胡萝卜,个头比较小,含糖量比较高,品质好,价格自然就高,所以还是要品种创新。(《经济参考报》2015年3月10日)

现在水果摊上常常有小番茄、小黄瓜,都是作为水果出售的。

日常分类或归类常常和文化有关,不同的文化有不同的分类或归类方式。美国语言学家莱科夫在《女人、火和危险的事物》一书中论及澳大利亚德伯尔人的分类问题,德伯尔人把世界万事万物分为四类,"男人、月亮"等归为一类,"女人、水、火、太阳、星星、危险的事物"归为另一类。这种分类对德伯尔人以外的文化而言是稀奇古怪的、不可思议的,但对德伯尔人自身而言是正常的、习惯的。因此,从科学的角度看,分类或归类是纯净的、合逻辑的,甚至可以说是完美的;而从日常的角度看,分类或归类是复杂多样的、不拘一格的,甚至在异文化看来是令人惊异的。但日常角度的分类或归类,恰好体现了人类思维、文化、社会生活的丰富多样性。

五　默认与合作

《醒世姻缘传》（西周生著）第二十九回有这样一个情节：

（1）一日，棉花地里带的青豆将熟，叫狄周去看了人，拣那熟的先剪了来家。狄周领了人，不管生熟，一概叫人割了来家。狄员外说道："这一半生的都尽数割来，这是秕了，不成用的。"狄周强辩道："原只说叫我割豆，又不曾说道，把那熟的先割，生的且留在那边。浑浑帐帐的说不明白，倒还要怨人！"狄员外道："这何消用人说得？你难道自己不带眼睛？"

表面上看，狄员外和狄周的话都有道理。狄周认为，狄员外既然没有说割熟留生，那么就可以生熟全割；狄员外认为，虽然没有说割熟留生，但割豆就有割熟留生的意思，这是不需要说出来的。实际上看，狄员外的话是合情合理的，狄周的话则是强词夺理。这是因为，话语都包含有默认的内容，割豆默认割熟留生，狄员外遵循了话语默认，而狄周违背了话语默认。这是导致话语冲突的根本原因。

当我们说出一句话或一段话时，话语都会包含许多默认的内容，这就是话语默认。话语默认的内容是庞杂的，理论上是无限的，但都无需说出来，听话人只要真诚合作，都可以毫不费力地正确解码。比如，"明天要下雨"，这句话有很多默认的内容：下雨将发生在说话时间的明天，而不是其他时间的明天；下雨将发生在说话人所在的地方，而不是其他地方；今天没有下雨，明天很可能下雨；说话人有经验或证据，不是信口开河；说话人希望传递给听话人新的信息，不是说废话；说话人说的是现实状况，而不是神话或科幻；说话人的态度是真诚的,不是开玩笑;等等。这些默认的内容都不需要说出来,听话人也能完全理解,这正是交际得以顺利进行的基础。人作为"宇宙的精华,万物的灵长",很大程度上是因为人有出色的认知能力:我们所说出的话语,竟然包含了如此多默认的内容,而且对表达和理解毫无影响。

遵循话语默认,交际双方就能够很好合作,从而保证交际的顺利进行。反之,违背话语默认,交际双方就不能很好合作,从而导致交际冲突和交际中断。例如,王蒙在《雄辩症》中写道:

(2) 一位医生向我介绍,他们在门诊中接触了一位雄辩症病人。

医生说:"请坐。"

病人说:"为什么要坐呢?难道你要剥夺我的不坐权吗?"

医生无可奈何,倒了一杯水,说:"请喝水吧。"

病人说:"这样谈问题是片面的,因而是荒谬的,并不是所有的水都能喝。例如你如果在水里掺上氰化钾,就绝对不能喝。"

医生说:"我这里并没有放毒药嘛。你放心!"

病人说:"谁说你放了毒药了呢?难道我诬告你放了毒药?难道检察院起诉书上说你放了毒药?我没说你放毒药,而你说我说你放了毒药,你这才是放了比毒药还毒药的毒药!"

医生毫无办法,便叹了一口气,换一个话题说:"今天天气不错。"

病人说:"纯粹胡说八道!你这里天气不错,并不等于全世界在今天都是好天气。例如北极,今天天气就很坏,刮着大风,漫漫长夜,冰山正在撞击……"

医生忍不住反驳说:"我们这里并不是北极嘛!"

病人说:"但你不应该否认北极的存在。你否认北极的存在,就是歪曲事实真相,就是别有用心。"

医生说:"你走吧。"

病人说:"你无权命令我走。你是医院,不是公安机关,你不可能逮捕我,你不可能枪毙我。"

这位病人的"雄辩"违背了话语默认,因而导致了交际冲突和交际中断。

郑子瑜先生在《郑子瑜修辞学论文集》中举过一个例子,用来说明修辞的目的"须是没有漏洞":

(3)从前某乡村因为治安不好,盗贼出没,村长出了布告,只有简单的五个字:"夜行必提灯。"有一村民在夜间提着空纸灯,走过村公所,被守夜的人看见了,指责他说:"你怎么拿着空灯儿走,不放置蜡烛呢?"那人说:"你们布告上没有写明必须放置蜡烛呀!"第二天,布告上加了四个字:"灯必置烛。"于是这个人在灯里放置蜡烛,又夜行了。守夜的人又指责他说:"你怎么有蜡烛不点火呢?"那人还是说:"布告上没有说明白呀。"第三天,布告上又加上"烛必点火"四个字,那人便无所取巧了。

王希杰先生在《修辞和"漏洞"》中说:"我的意见,不但是漏洞不可免,重要的在于双方的合作信赖。交际中的任何一方一旦有了找对方漏洞的念头,那么这言谈便不欢而散了。说写者如果想说出一点漏洞也没有的无懈可击的东西来,那将苦不堪言而最终也达不到目标,只能投长江黄河上吊抹脖子了事。"实际上,村长发布的布告谈不上是有漏洞的,根据默认原则,"夜行必提灯"就包括"灯必置烛,烛必点火"这样的意思在内,由于提灯村民违背了话语默认,没有遵守合作原则,故而导致上述情况发生。

在常规的社会交际中,交际双方都要遵循话语默认,避免违背话语默认。这不仅是交际的需要,也是人际和谐的需要。

六　语境的适应

语境,简单地说,就是语言环境,是人们运用自然语言进行言语交际的言语环境。"语境"这个术语是波兰籍人类语言学家马林诺夫斯基于1923年提出来的,而系统的语境理论是英国弗思1944年始创立的。语境可以分为三类:上下文语境,又叫小语境;情景语境,又叫中语境;社会文化语境,又叫大语境。这三类语境对修辞、语用、篇章都有着重要影响。王希杰先生说:"语言环境是修辞的生命。没有语言环境之外的修辞。一切修辞现象都只能发生在特定的语言环境之中。在语言环境之外的修辞是根本不存在的。"一般说来,只有适应特定的语境,才能保证交际的成功。

1. 上下文语境的适应

上下文语境包括衔接、照应、省略、替代等,这些因素都必须的得当的,不得当就会造成错误的表达。试比较下面两个例子:

(1) 秋天,树叶黄了,枯了。快要脱落了。枯黄的叶子离开了枝头,在风中飞舞着,含着笑告别充满阳光的金秋。假如我是落叶,我愿意很快地落在地上,又很快地被水溶化,然后钻进又黑又香的泥土里,尽情拥抱这些又大又小,又粗又细的树根。

(2) 秋天,树叶黄了,枯了。快要脱落了。枯黄的叶子离开了枝头,在风中飞舞着,它曾经有过的婆娑身影依然那么动人。假如我是落叶,我愿意很快地落在地上,又很快地被水溶化,然后钻进又黑又香的泥土里,尽情拥抱这些又大又小,又粗又细的树根。

在例(1)中,"含着笑告别充满阳光的金秋"显然缺乏与上下文的照应,既然树叶飞舞着,又怎么是告别金秋呢?而且从下文虚拟语句判断,树叶并没有很快落在地上,也没有很快被水溶化,所以无论如何谈不上是告别金秋。因此例(1)不适应上下文语境,其表达是不合适的;而例(2)就不存在照应不周的问题了。

2. 情景语境的适应

情景语境包括时间、空间、人物、事物等等,这些因素也必须是得当的,不得当也会造成交际的失误。例如在川剧《秋江》中,有这样一个情节:

(3) 老艄公:……姑姑你贵姓?

陈妙常:我姓陈。

老艄公:(指陈)咳咳……说不得!

陈妙常:当真姓陈。

老艄公:我们青龙背上就忌讳这个。

陈妙常:忌讳这个"陈"吗?

老艄公:哟,你咋个招呼不倒!

陈妙常:噢!我们这个姓你们喊什么?

老艄公:我们喊"老淹"。

陈妙常:怪不好听。

老艄公:管他好不好听,只要避开这字眼就对了。

在这个特定的情景语境中,老艄公一再提醒陈妙常不能说"陈"(因为"陈"音同"沉",行船的人非常忌讳这个字),而陈妙常则再三说"陈",因此导致了老艄公的不满。其实在这种情况下,陈妙常一开始就应该去主动适应语境,那就不致于造成交际的障碍了。

3. 社会文化语境的适应

交际还应该适应社会文化语境。这在特定的时代、特定的文化背景下尤为重要。例如相声艺术家侯宝林是一流的语言大师,他不但善于使用语言,也很会适应社会文化语境。

(4) 相声大师侯宝林,挨批斗时,红卫兵要给他戴又高又重的"高帽子",他说:"不敢劳驾革命小将亲自动手,我有,我有——"说着,像变魔术一般,从怀里拉出一片纸,吹了吹,成了一顶纸帽,戴在头上。

红卫兵不答应:"你是曲艺界最大的反动权威,怎么戴这么小的帽子?要换掉!"

"别急,别急呀——"侯宝林说,"毛主席教导我们:'马克思主义者看问题,不但要看到部分,而且要看到全体。'你们看——"他用手将纸帽尖儿一拉,一下子变成一顶一米多高的帽子,上面还由大到小写了一行字:"反动曲艺权威侯宝林"。

红卫兵问:"你为什么把上面的字写得那么大,下面的字写得那么小?"

侯宝林说:"反动是我的罪行,所以'反动'要写得大大的,让大家看得清楚。我的名字写得小小的,是因为我在革命小将面前,太渺小了,不敢张牙舞爪……"

又有一次批斗会,侯宝林给自己身上前后左右都挂上"大字报"和"毛主席万岁""文化大革命好"之类的大标语。造反派让这个下跪,给那个来"喷气式",就是不敢对他动手动脚,怕弄坏了那些"革命口号"成为现行反革命。开他的批斗会,台下群众笑得前俯后仰,如同过去听他说相声一般逗乐,连造反战士也"严肃"不起来。

(白戈编著《1966—1976:中国百姓生活实录》)

适合社会文化语境,在跨文化交际中有着重要作用。在跨文化交际中,交际者要充分考虑文化差异,根据对方特定的文化状况去组织安排话语。由于交际对象的文化状况很难完全把握,因此在修辞过程中,言语失当是经常发生的事情。美国华盛顿大学诺斯特朗教授在第六届世界法语教学大会的发言中举了这样一个例子:美国总统里根及夫人1983年访问日本时,由于访问前准备得不够充分,结果做错了一件事——他们与日本皇太子及公主交谈时,按照美国人的习惯,向日本皇室子女发出了访美邀请。这让日本人感到很不得体。诚然,这样的事情在美国是自然而然的事情,可是在日本,这样的事情首先应取得父母的同意。如果访问者事前充分了解到日本家庭的文化价值,就不会发生这样尴尬的事情了。

七 "新鲜鸡蛋在此销售"

许靖然在《谁来做主》(《今晚报》2016年1月23日)中讲了这样一个小故事:

甲到市场卖鸡蛋,他在广告牌上写着醒目的大字:新鲜鸡蛋在此销售。路人看到后,陆陆续续来买鸡蛋。其中有四人对他的广告提出意见。第一人说:何必加"新鲜"两字,难道鸡蛋不新鲜吗?他认为有理,涂掉这两字。第二人说:为何加"在此"?你不在这里卖,还会去哪儿?他觉得也对,又把"在此"擦掉。第三人说:"销售"二字是多余的,不是卖的,难道会是送的?于是他又涂掉"销售"。第四人说:一看就知是鸡蛋,何必再写上"鸡蛋"?真是多此一举!结果他擦掉所有字。然后……他所卖的鸡蛋不如之前多了。

应该说,四个人所提的意见都是有道理的。"新鲜"多少还有点新信息的意味,因为鸡蛋也可能是不新鲜的,卖鸡蛋的人说鸡蛋是新鲜的,可以认为是传递新信息给买鸡蛋的人。当然,一般情况下卖鸡蛋都应该卖新鲜鸡蛋,卖不新鲜的鸡蛋就有卖劣质商品之嫌,因此"新鲜"的确有一定的多余色彩。而"鸡蛋""在此""销售"则纯粹是多余信息。这样,"新鲜""鸡蛋""在此""销售"都或多或少是多余的,换句话说,它们都是废话,因此从理论上说,去掉这些多余的信息,去掉这些废话,应该是理所当然的事情,对交际不会造成影响。可问题是,卖鸡蛋的人擦掉了所有的字,没有了多余信息,为什么所卖的鸡蛋不如之前多了呢?

原来,看上去像是废话的内容,其实并不是废话,它们在交际中有着特定的功能。

语言是交际的工具,具有多种功能,包括信息功能和行为功能等。信息功能旨在叙事,说话人传递给听话人新的信息,听话人从说话人那里获得新的知识。行为功能旨在影响听话人,说话人说出一句话或一段话,实际上是在实施一个行为,说话本身就是一种行为,这就是语用学所讲的"言语行为"。比如"谢谢"是一个致谢言语行为,说话人说出"谢谢"这句话,就是在实施致谢的行为,因为前面听话人对自己有过帮助,说话人的致谢目的在于影响听话人,使听话人心理得到满足。再比如"对不起"是一个道歉言语行为,说话人说出"对不起"这句话,就是在实施道歉的行为,因为前面自己伤害过听话人,说话人道歉的目的在于影响听话人,使听话人能够谅解自己。

回到上面的小故事,"新鲜鸡蛋在此销售"其实并不是一个传递信息的句子,而是一个用言语来实施行为的句子,卖鸡蛋的人打广告的目的显然不是传递新信息,而是在实施"告知"的言语行为,其目的在于影响买鸡蛋的人,使他们受到言语行为的影响来买自己的鸡蛋。当卖鸡蛋的人擦掉了所有的字,这个言语行为就不存在了,没有"告知"的行为,买鸡蛋的人当然会减少了。"新鲜鸡蛋在此销售",从传递信息的角度看,是废话;从言语行为的角度看,不是废话,是具有"告知"行为功能的话语。

在日常生活中,这种"废话不废"的例子俯拾皆是。比如早晨出门遇见朋友,朋友问"您起来了?"。这显然是废话,不起来两人能见面吗?其实这是问候言语行为,朋友说这句话的目的并不是询问对方,要求对方提供新信息,而是为了影响对方,使对方感受到关爱,从而使交际能够顺利进行下去。分清语言的信息功能和行为功能,就可以很好地解释这些现象。

八 "太平洋"的中间是什么

有个脑筋急转弯。问:"'太平洋'的中间是什么?"有人答某个岛屿,有人答某个海域,有人答某个经纬度。结果答案是"平","太平洋"三个字中间是"平"字。

这其实涉及了元语言和对象语言的问题。元语言是关于符号本身的语言(包括文字),对象语言是关于代表对象的语言。比如"桌子",如果说"桌子是一个名词",这里的"桌子"是就符号本身而言的,跟代表对象无关,这是元语言的用法;如果说"桌子是一种家具",这里的桌子是就代表对象而言的,不涉及符号本身,这是对象语言的用法。在交际中,人们一般只注重对象语言的用法,很少想到元语言用法,因此,当听到"'太平洋'的中间是什么"这样的问题时,首先想到这个问句的代表对象,想到岛屿、海域、经纬度等,很难想到"太平洋"这三个字的中间一个字是什么。而设计问题的人正是抓住人们的这一普遍心理共性来设计问题的。

元语言可用于科技语体,说写者对符号本身做出解释,不涉及代表对象。比如"桌子是一个名词""桌子是一个双音节词""桌子是两个汉字""桌子不是语言学术语"等。元语言还用于语言游戏的场合,包括猜谜、学话、脑筋急转弯等,这在相声、小品等艺术领域经常用到。比如,有个谜语。谜面是"上头去下头,下头去上头,两头去中间,中间去两头",谜底是"至"。这是利用"去"的元语言用法设计的谜面,意思是"上头是'去'字的下头,下头是'去'字的上头,两头是'去'字的中间,中间是'去'字的两头"。由于人们在理解谜面时,一般都把"去"理解为对象语言的用法,认为是"上头走向下头"

等,这就很难知晓谜底。再比如小品《卖车》,有个学话的片段。赵某要求范某向高某学话,高某说什么,范某学什么,对话如下:

高某:准备好了吗?

范某:好了。

赵某:错。我媳妇儿说"准备好了吗",你也得说"准备好了吗"。

范某:这句就开始了?

赵某:什么叫学话?

范某:行,明白了。

赵某:重来。

高某:准备好了吗?

范某:准备好了吗?

高某:老头子他又错了。

范某:没错。

赵某:错!错错!我媳妇儿说"老头子他又错了",你也得说"老头子他又错了"。

学话游戏要求学话者机械模仿说话者的原话,实际上就是话语的元语言用法,但由于思维习惯的影响,学话者不自觉地理解为对象语言的用法,而按照对象语言理解并应答,就违反了学话游戏的规则。范某正是受到思维习惯的影响而违反了学话游戏的规则,从而钻进赵某和高某的圈套。通过故意混淆元语言和对象语言造成语言冲突,正是相声、小品等艺术形式实现冲突的方式之一。

区分元语言和对象语言,可以认清不同层面的语言现象。相反,如果不能很好地区分元语言和对象语言,就有可能出现认识上的错误。比如,笔者在北方某高校工作时,有一位教授说他有个重大发现,不仅名词可以做主语,所有词类都可以做主语,例如"'关于'是个介词",这就是介词"关于"做主语。这就是没有区分元语言和对象语言的缘故,"'关于'是个介词"是元语言用法,不是对象语言的用法,因此根本不能参与语法分析,只有对象语言的用法才能用于语法分析。再比如,老师让学生用"交相辉映"造句,学生的造句是"老师让我们用'交相辉映'造句",表面看来似乎没有毛病,实际上这位学生是混淆了元语言和对象语言,老师让他用"交相辉映"造句,是用"交相辉映"的对象语言用法造句,而这位学生用"交相辉映"的元语言用法造句。问题就出在这里!

九 "窜改"的色彩

"窜改",就是对成语、文件、古书等进行改动,其中"窜"意思是"改动","改"意思也是"改动",二者同义连文,组合在一起仍然是"改动"。例如:

(1) 穗子真给她气疯了,居然她敢拿如此愚昧无知没有道理的词来窜改她的歌。(严歌苓《穗子物语》)

(2) 当然,在胡宗宪平反后,其孙要到督署借用刻板重印,也不是不可能,但要窜改增删,恐非易事。(汪向荣《〈筹海图编〉的版本和作者》)

例(1)(2)"窜改"都是"改动"之意。但在感情色彩上,例(1)"窜改"含有贬义,例(2)则是中性的。

一般认为,"窜改"在感情色彩上多用于贬义,但也有中性用法,这比较符合一般人的语感和认识。"窜改"的确多用于贬义。首先,从词义本身看,"改动"意味着违背原有的文本内容,从常规认知来看,遵守原有文本内容,是正常的,而违背原有文本内容,是反常的,这样,词义中就会隐含有违背、反常等贬义色彩。其次,从历史看,"窜改"最早的用例就是带有贬义的。"窜改"最早出自《新唐书·奸臣传上·许敬宗》:"及敬宗身为国史,窜改不平,专出己私。"这里"窜改"是贬义用法。再次,从现状看,"窜改"在语料中多用作贬义,很少用作中性。但语料中也确实存在着像例(2)那样的中性色彩的用法。那么问题就来了,"窜改"的贬义用法,到底是不是"窜改"的色彩? 如果是,为什么有中性用法? 如果不是,为什么多数都有贬义用法?

其实,贬义只是"窜改"的隐含色彩义,不是规约色彩义。

根据语用学原理,语言的意义有隐含义和规约义之分。所谓隐含义,是指一般情况下有这样的意义,但特殊情况下可以取消。比如,"老刘有三条狗"隐含着"老刘只有三条狗"的意思。"老刘只有三条狗"是隐含义,一般情况下就是如此,因此可以追加,"老刘有三条狗,老刘只有三条狗"。但特殊情况下可以取消。比如说,如果有三条狗,就可以成为养狗达人,我不知道老刘有没有三条狗,不知道老刘能不能成为养狗达人。别人告诉我:"老刘有三条狗,其实何止三条,他有四条呢!"这样,原来"老刘只有三条狗"的隐含义就被取消了。"窜改"也是如此,一般情况下是贬义的,可以追加贬义性语句,如"他窜改了原文,这是卑鄙无耻的行为";特殊情况下是中性的,贬义用法可以取消,如"他窜改了原文,这是可以理解的行为"。

所谓规约义,是指已经约定俗成的意义,可以进入词典或语言系统,不需要依靠语境来确定意义。比如"老刘有三条狗"中,"老刘确实有三条狗"就是规约义,是语言中约定俗成的意义。"窜改"的贬义用法只是隐含义,不是规约义,因此一般不收录到词典中,《汉语大词典》的解释是"改易、改动",《现代汉语词典》的解释是"改动(成语、文件、古书等)",都没有体现其贬义色彩。

语言发展中经常有这样的现象,隐含义在发展中逐渐规约化,从而成为规约义进入语言系统。比如副词"还"有两个用法:一是持续意义,如"他还在玩游戏";一是反预期意义,如"他还研究生呢,连这么简单的问题都不会"。"还"的反预期意义是从持续意义发展来的,是隐含义规约化的结果:如果一个事件有始有终,是正常的;如果一个事件一直在持续进行,是反常的、意外的。因此当说话人用"还"表达持续意义时,就隐含着意外的意义,但这个隐含的意外意义是可以取消的。当在一定的条件下"还"的反预期意义不能取消时,"还"的隐含义规约化,就成为规约义,反预期意义就成为规约义而进入语言系统。"窜改"的贬义用法目前还只是隐含义,没有规约化为规约意义,因此还不是语言系统的意义,不能进入词典。

十　规范与宽容

毋庸讳言,语言应该规范,这是语言文字工作者理应持守的观念。对于社会上出现的不规范的语言现象,语言文字工作者应该积极干预,通过各种方式把这些不规范的语言现象显明出来,既方便改进,又提供警示。这对于语言文字规范化工作是有益的。但另一方面,语言文字工作者应在正确的语言观和规范观的指导下进行规范化工作,而不能按照自己的标准进行规范。在规范问题上,语言文字工作者的工作方式是积极引导,合理解释,而不是做语言警察,故意挑错,到处指责。由于语言具有复杂性和综合性特征,在一方面不合理,在另一方面很可能是合理的,因此需要对语言有清醒的认识。规范工作是必须的,宽容也是必要的。如果只强调规范,不讲求宽容,语言运用就会死气沉沉,失去活力;反之,如果处处宽容,取消规范,语言运用就会洪水泛滥,不可遏制。因此,规范和宽容都是必要的。以下我们举两个例子说明规范和宽容问题,一是成语问题,一是句子问题。

先说成语问题。

杂文作家许宗元在《七月·千禧·学而优》(见《新民晚报》2000年8月1日)中说:"每到暑期,'七月流火'一语总会在媒体上频频亮相,有的报纸还用它做标题。在他们看来,'七月流火'就是七月酷暑、如火流地,全然是智取生辰纲时白胜黄泥冈小唱'赤日炎炎似火烧'的味道。实则迥异。'七月流火'意思是七月暑气衰退了。这是《诗经·豳风·七月》的首句,诗云:'七月流火,九月授衣。'译成白话诗就是:'七月火星落向西,九月里来发寒衣。'七月,是夏历七月;流火,指火星下行。首句说暑气消,次句谓寒气到。今之撰文者引此欲使文章生色,殊不知弄巧成拙,还误导了读者。"

这些话虽然出自杂文作家之笔,却正反映了许多语文工作者的心声:"七月流火"是用来表示暑气衰退的,不能表示暑气正浓;但媒体上频频用"七月流火"来表示暑气正浓不规范的。

一方面是语文工作者甚至杂文工作者对规范的大力呼吁,一方面是表示暑气正浓的"七月流火"在媒体上频频亮相。其实这反映了"七月流火"这个成语的两个不同运用视角:知识分子视角和普通民众视角。

知识分子特别强调成语运用的理据性和规范性。在知识分子看来,成语的语源意义是至关重要的,这是规范的基础。"七月流火"的语源意义是"夏去秋来,天气转凉",源于《诗经·豳风·七月》的首句"七月流火,九月授衣"。这是特定时代的产物。我们古人特别重视天文现象,强调天文现象对日常生活的影响。明末清初学者顾炎武在《日知录》中说:"三代以上,人人皆知天文。'七月流火',农夫之辞也。'三星在户',妇人之语也。'月离于毕',戍卒之作也。'龙尾伏辰',儿童之谣也。后世文人学士,有问之而茫然不知者矣。"这是当时特定的社会历史条件决定的,因为当时缺少比较成熟、完备的计时工具,人们只能根据天文现象确定大致时间,以便处理事务。"七月流火"的语源意义正是在这样的背景下产生的,后来一直沿用,时至今日仍然有知识分子坚持"七月流火"语源意义的用法。

普通民众在运用成语时更重视字面意义,特别是现时的字面意义。"七月流火"现时的字面意义可以这样理解:阳历七月,火流遍地。按照这样的意义理解,"七月流火"当然是指天气炎热。在成语的运用上,普通民众往往不考虑成语的理据和规范,而是按照一般理解使用。这会造成两种结果,一是成语误用,比如把"差强人意"理解为"强人所难",这是需要规范的;二是赋予成语新义,比如"空穴来风"本来表示"有了洞穴才有风进来",后来被赋予"消息和传说毫无根据"的新意。成语误用是说话人无意造成的,是个人现象;赋予成语新义不一定是说话人无意造成的,有许多人明知道"七月流火""空穴来风"等成语的语源意义,但仍然用这些成语的后起意义,因此这实际上已经成为一种社会现象。不仅传统成语存在赋予新义的情形,一些佛缘成语也存在这种情形。李运富教授有一篇文章《佛缘复合词语的俗解异构》,里面谈到许多佛缘成语都被赋予新义,比如"念念不忘""打成一片""一尘不染""现身说法"等。这实际上也是两个不同的运用视角:佛教视角和普通民众视角。前者用语源意义,后者用成语新义。

《现代汉语词典》前6版都没有收录"七月流火",第7版收录了"七月流火",并且同时给出两个意义:一是语源意义"指夏去秋来,天气转凉",二是后起的新义"现也用来形容天气炎热"。这是充分考虑了知识分子视角和普通民众视角,是值得肯定的。

在语言规范史上,知识分子视角和普通民众视角的语言运用有时会影响到语言的发展。比如,英语人称代词有主宾格的对立,疑问代词只有 who 和 whom 有主宾格的对立,按照类推原则,who 应该像其他疑问代词一样放弃宾格形式。从知识分子视角看,应该保留主宾格,在大多数的书面语和一部分知识界的口头都还保留着 who 和 whom 的主宾格对立;从普通民众视角看,放弃宾格形式的类推已经奏效,

"Whom did you see?"被说成"Who did you see?"。两种不同的运用视角导致 who 和 whom 的运用一直处于类推和抗拒类推的胶着状态。(叶蜚声、徐通锵《语言学纲要》)

再说句子问题。

语言学研究的任务之一,就是要弄清楚哪些句子能说,哪些句子不能说。从语法的角度看,能说的句子是合语法的句子,不能说的句子是不合语法的句子,就是所谓的病句。表面上看,合语法的句子与不合语法的句子似乎是很容易判断的,比如,"这是一条大白狗"能说,是合语法的句子;"这是大一条白狗"不能说,是不合语法的句子,病句。这是很容易判断出对错的。但实际情况远比我们想象的复杂,合不合语法谁说了算?合不合语法的标准是什么?为什么有些句子,有人认为合语法,有人却认为不合语法?这些问题细究起来都是不容易回答的。我们认为,分清不同的层次,有助于认清句子的性质,句子究竟合不合语法,要看处在哪一个层面,在某个层面不合语法的,在另一个层面也许是合语法的,反之也是如此。下面我们分析一些不同层面,说明这些层面句子的合语法性问题。

1. 古代的句子和现代的句子

古代汉语的句子(包括近代汉语的句子)和现代汉语的句子有比较大的差异,有些句子语序是不同的,比如上古汉语的"名数量"结构,到后来变为"数量名"结构;古代汉语状语后置于动词,到现代汉语状语都置于动词之前。古代汉语合语法的句子,到现代汉语中不一定合语法。例如:

(1) 席间,王秀才与谢天香讲论字法,两人多是青春美貌,自然投机。(凌濛初《二刻拍案惊奇》)

(2) 三军一齐下河去,把您身上火烧的泡,着水泡一泡,

害渴的就吃些凉水,淋洗一淋洗身上。(无名氏《博望烧屯》)

例(1)是明代的句子,"多"是统括副词,相当于现代汉语的"都",现代汉语"多"没有统括副词的用法。例(2)是元代的句子,"淋洗一淋洗"这种双音节动词形成的"V一V"形式在现代汉语中已经消失,现代汉语只有单音节动词有"V一V",如"写一写、唱一唱、看一看、走一走"等,双音节动词没有"V一V"。近代汉语中这些合语法的句子,如果出现在现代汉语中,就是不合语法的句子。

2. 通语的句子和方言的句子

通语就是普通话。普通话的句子和方言的句子也有差异。陈钰鹏《使用语言不可任性》(《新民晚报》2018 年 8 月 19 日)举了一个台词的例子:"他们给了多少钱你?"作者认为这句话是不正确的,而且给出了一些理由。确实,这句话在普通话中是不合语法的,但如果在粤方言中,这句话是完全正确的,因为对双宾句来说,普通话是"动词+间接宾语+直接宾语",而粤方言是"动词+直接宾语+间接宾语",如果说台词的人说的是粤方言,那么这句话是无可厚非的。再如:

(3)"我昨天就在金鹰天地附近的巷子里看到的,爸爸在买烧烤,两个小朋友坐在三轮车里面,不要太漂亮哦,像洋娃娃一样,我感觉像北欧那里的!"(《扬子晚报》2011 年 10 月 28 日)

(4)"你不热?"我伸手将衬衫的一道扣子解开。(吕新《圆寂的天》)

例(3)"不要太漂亮"是吴语和某些江淮方言的句子,意思是"很漂亮",普通话还没有普遍使用。例(4)用"道"计量扣子,是晋方言的句子。例(3)(4)是方言中合语法的句子,但在普通话中是不合语法的。

3. 全民的句子和领域的句子

有些句子在全民中都可以使用，有些句子只限于某领域使用，在某领域合语法的句子，在该领域之外不一定是合语法的。常常有人问，你们搞语言学的人，对网络上这些莫名其妙的词语和句子怎么看？我们认为，网络语言属于领域语言，不属于全民语言，使用网络语言交际的只限于特定的群体，这一群体对内使用网络语言，对外还是使用全民语言。当然，有些网络语言如果有生命力，也会进入全民语言，成为全民语言的组成部分。有些句子应该还算是领域的句子，不是全民的句子。例如：

（5）节目中，哈林和周杰伦成了"控场王"，李健以清华毕业生的高智商碾压全场，而谢霆锋则念念不忘自己主持的《十二道锋味》，一言不合就谈做菜。（《羊城晚报》2018年7月16日）

（6）还没有成功升级就走上了降级之路，看到这样的消息，多多少少会让人感到些许沮丧。究竟是这届年轻人不行，还是市场对年轻人太不友好了？（《中国青年报》2018年4月25日）

例（5）"一言不合就谈做菜"和例（6）"这届年轻人不行"尽管已经在纸媒出现，但仍然还不能算全民的句子，目前还只能算网络语言领域的句子，庄重的、正式的场合显然都还不能用。语言有自我调节功能，如果这样的句子没有太强大的生命力，会在将来逐渐淘汰；如果有强大的生命力，也可能进入全民语言，成为全民的句子。

综上，句子合不合语法，往往不是一个标准决定的，在某个层面合语法，在另外的层面未必合语法，相反，在某个层面不合语法，在另外的层面未必不合语法，关键是站在什么角度看问题。如果站在任何角度看都是无懈可击的句子,而被人硬性规定为不合法,那就是语法观念有问题。陈钰鹏《使用语言不可任性》(《新民晚报》2018年8月19日)认为"他们连太医都给抓了"是不合语法的句子,理由是"让太医在当宾语的同时又当主语,致使句子转为被动式,而且还留着累赘"。"他们连太医都给抓了"是典型的连字句,在任何一个层面上都是完全符合语法规则的句子。因此,判断句子合不合语法,关键是要能分清不同的层次,并且有个正确的语法观念。